像我。一樣黑。

black like me

John Howard Griffin

約翰·格里芬
林依瑩——譯

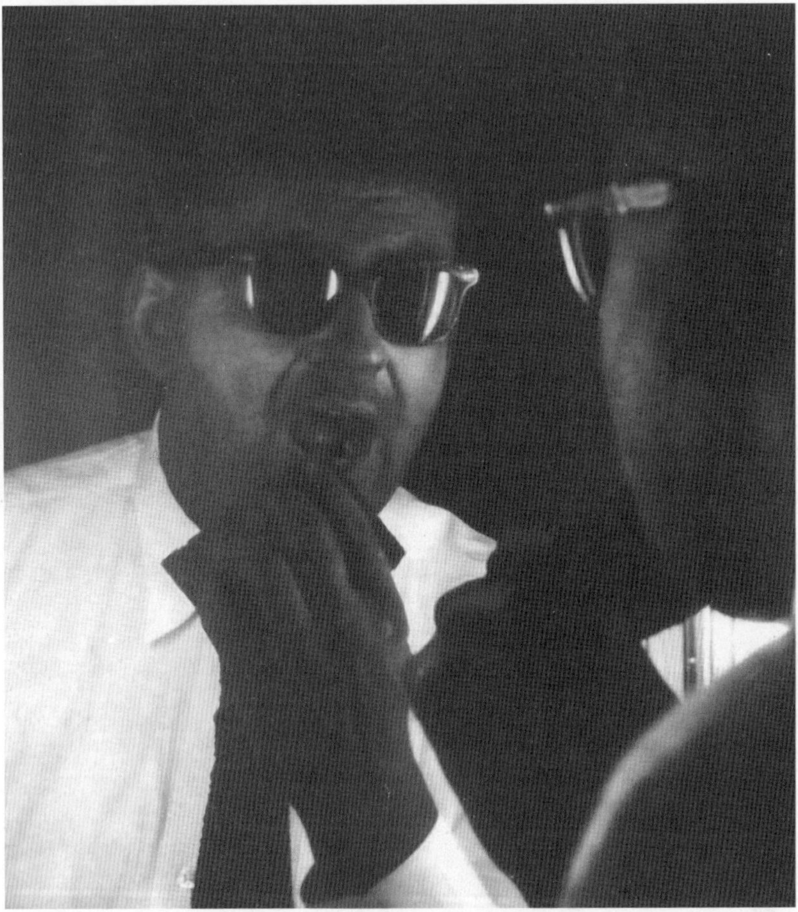

「我弄濕了海綿，將染色劑倒在上面，然後輕輕修補嘴角和嘴唇的膚色，這些地方總是很難處理。」

緬懷

約翰・霍華德・格里芬

John Howard Griffin

1920-1980

與

伊莉莎白・格里芬－博納奇

Elizabeth Griffin-Bonazzi

1935–2000

目次

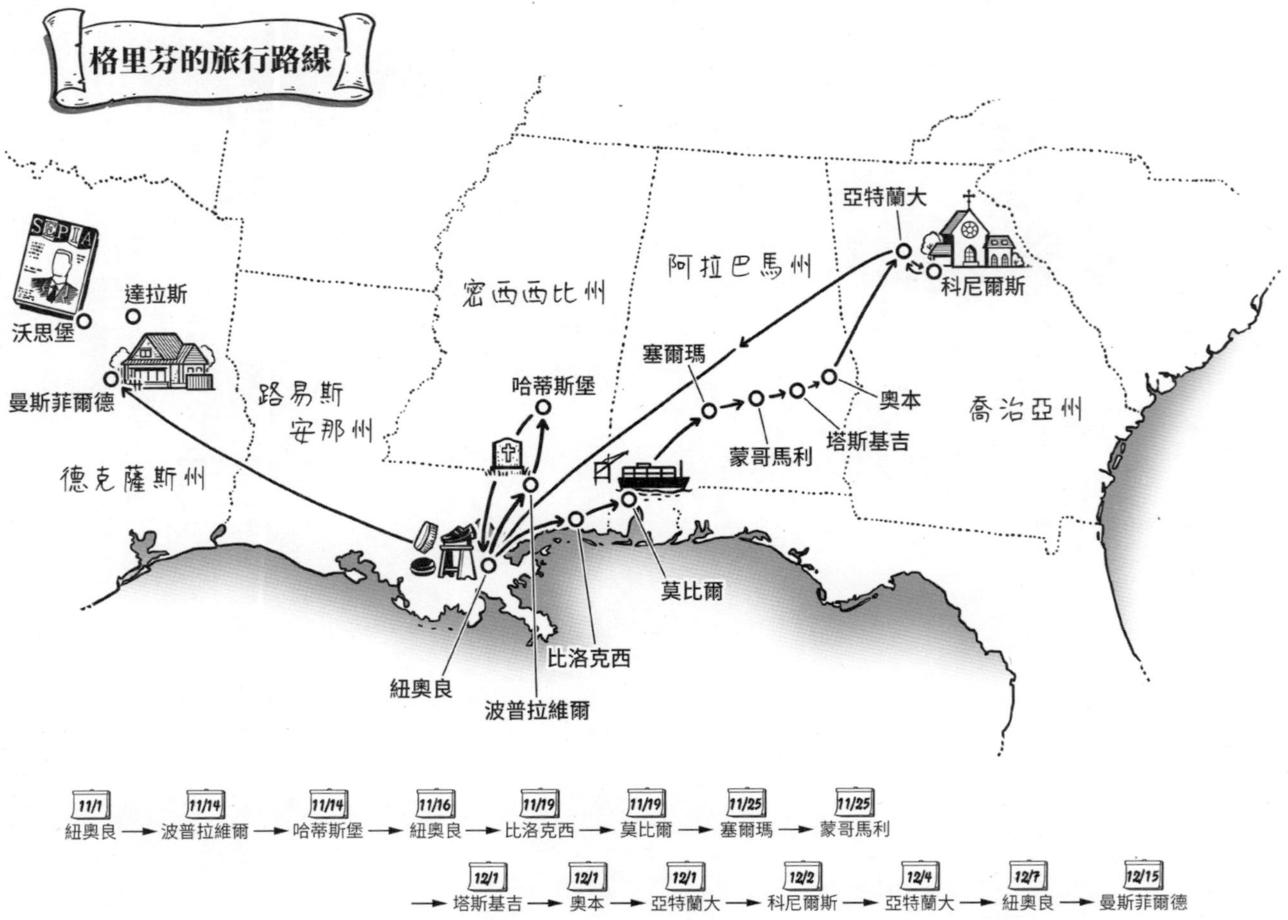
格里芬的旅行路線
沃思堡
達拉斯
曼斯菲爾德
德克薩斯州
路易斯安那州
密西西比州
阿拉巴馬州
喬治亞州
哈蒂斯堡
塞爾瑪
亞特蘭大
科尼爾斯
奧本
塔斯基吉
蒙哥馬利
莫比爾
比洛克西
紐奧良
波普拉維爾
11/1 紐奧良 → 11/14 波普拉維爾 → 11/14 哈蒂斯堡 → 11/16 紐奧良 → 11/19 比洛克西 → 11/19 莫比爾 → 11/25 塞爾瑪 → 11/25 蒙哥馬利
→ 12/1 塔斯基吉 → 12/1 奧本 → 12/1 亞特蘭大 → 12/2 科尼爾斯 → 12/4 亞特蘭大 → 12/7 紐奧良 → 12/15 曼斯菲爾德

推薦序

成為他者的勇氣

張惠菁（作家）

其實，各位讀者們完全可略過我正在寫的這篇文章，直接進入去閱讀本書。相信你會發現，雖然我們和《像我一樣黑》這本書之間相隔有半世紀以上、半個地球距離的時空差，但你不需要太多的思考，也無需更多背景知識，就能夠理解格里芬要說的事。格里芬的親身經歷，帶給讀者的感受是非常直觀的。我想這正是他的企圖。不管在一九五九年底的美國南方，發生在黑人身上的是什麼，他都把自己投進去——直接經歷，直接感受（拿掉身為白人的防護罩），直接從自己親身經歷到的事說起。這個「直接」成了這本書之所以如此拳拳到肉的理由。它證明：站在岸上觀察分析水流的方向，與跳進湍流裡經歷滅頂的漩渦，完全是兩碼子事。

因此我認為讀這本書最好的方法，也是「直接」。直接去承受它的重中之重，直接被其中歧視者可鄙的惡，與被侮辱者尊嚴的善所震撼。而我的這篇文章，不會有太多本書中沒有的資訊。這僅僅是我分享一點個人在閱讀本書時，時而毛骨悚然，時而被人性溫暖籠罩的感受。

毛骨悚然之一，是讀到在當時的美國國內，存在著如此巨大的「他者之境」。即使我們已經在許多文學或影視作品中接觸過美國黑人民權運動的歷史，讀到格里芬以第一人稱身分進行的「穿越」，那旅程之中的文化衝擊，仍然巨大到令人驚愕難當。他第一次以黑人身分走到城市街上，就像是打開一扇門，走入了科幻的異次元：是同一個城市，但一切都變了。他能走的地方、可被允許做的事、當面迎上他的眼神，全都不同。

造成這不同的，不是別的，是人的認知。而這就是毛骨悚然之二。即使城市有些馬路人行道上沒有特別豎牆劃界，但人的態度、眼神是無形的牆，當它們散發著「你是次等」的訊息，已經算是溫和的情況了，更糟的是直接炸開宣洩的言語和肢體暴力。在空間上，「他者之境」便是這樣被圍起來的，猶如通電的鐵絲網，只是看不見。倘若地球滅亡，有外星文明前來考古，像挖掘龐貝古城一樣地挖出了密西西比州的某座城市，當他們看著城市硬體遺址，推論這裡曾存在過怎樣的文明時，能想像這座城裡最不可逾越的高牆、真正的通電鐵絲網乃是看不見的嗎？能想像這座城市中，還有一座看不見的城中之城，它的地界是由城外人的「仇恨凝視」所定義的嗎？成為黑人的格里芬，就是在他本來熟悉的城市裡，踏入了他過往完全經歷不到的「他者之境」，四處被仇恨眼神電擊驅趕行走，直到進入以黑人為主要居民的城區領域，方有處安歇。

卻正是在這樣惡劣的環境下，出現了「城中之城」溫暖的一面。黑人同胞迎接、對待格里芬的方式，是他此前從未經歷過的溫暖友善。在凶險的世界裡生存，他們有一種照顧自己人的默契。陌生人見他來自外地，會主動教他去哪裡找黑人用的廁所、飲水、旅館。被他問路的黑人，自願陪他走上兩三公里路，只為把他帶到要去的地方，免得誤踏危險地面。黑人在黑人的領域裡，相互尊嚴地對待，餐廳有實在的食物，旅館有溫暖的被窩，咖啡店裡有體面的老人，人們樸素而認真地與彼此對話。這一切和白人惡意兇狠的對待，形成強烈對比。

毛骨悚然的惡意對比人情溫暖，人心意念的鐵絲網對比城中之城，這是一九五九年的美國南方。此時許多變化正在發生，或即將發生。樂觀點或許可以說，這是黎明前最黑暗的時刻，而天就要亮了。悲觀或者實在些地說，則改變還有很長的路要走。一九五〇年代是天際剛現微光之時。五四年有布朗訴托皮卡教育局案（Brown v. Board of Education），美國最高法院判決實施種族隔離的學校違憲。五七年，九名黑人學生要進入小岩城中央中學就讀，被認同種族隔離的阿肯色州州長派國民警衛隊士兵阻止他們入學。支持黑人學生的小岩城市長請求總統艾森豪幫助，艾森豪派出擁有二戰登陸諾曼第歷史，軍功赫赫的一〇一空降師護送學生入學。這九人後來獲邀出席美國第一位黑人總統歐巴馬的就職典禮，成為觀禮貴賓。歷史是在往前走的。如今我們藉著歷史後見之明的光亮來看，格里芬在一九五九年穿越進入他者之域的旅程，應當是正逢其時地見證到了：擁護種族隔離者感到他們的秩序被挑戰，怒火燃燒，反撲得更加兇狠；黑人民權人士努力不懈，處境仍然不易，也開始有人想採取更激烈的手段。奴役和不義一旦在歷史上存在過，要抵達和平與平等便是一條格外漫長、艱辛的路。在格里芬書中，我們看到種族主義者的可悲可鄙，那種在他們認定「次自己一等」的人類面前，便毫不遮掩地流露出來的低俗淫穢，令人作嘔。正如格里芬在書中點出的，種族仇恨傷害的不只是受到仇視的黑人。恐怕真正傷得更重、更難醫的，是那些自認可以仇視黑人的白人：仇恨就像個黑洞般，長年扭曲著他們的心智。

書中的希望，不只來自黑人社群中互助互持的溫暖，也來自格里芬與黑人民運領袖的談話——他們思慮與行動的核心，不是仇恨，是要讓黑人成為有力量的人。僅憑這一點，就使他們與心懷仇恨的白人天壤相隔（其實仇恨者才是被自己的仇恨給隔離了，永遠無法成為更好的自己）。此外，值得注意的是，格里芬在本書中將關注點全放在黑人民權議題上，因此談自己的部分不多。其實他的一生頗具傳奇色彩。請讀者們一定不要錯過了本書的〈後記〉，作家博納奇所寫的格里芬的生平：他曾經在二戰時的德國從事地下活動，幫助偷渡猶太兒童出國，因此他的名字甚至出現在蓋世太保的死亡名單中；他在美日太平洋戰爭期間，在所羅門群島和原住民生活在一起，學習他們的語言；他在一次日軍轟炸中受了腦震盪，失去視力，戰後曾有十年的歲月幾乎是個盲人；他回到家鄉德州畜牧養豬，設法自立生活，寫了能見者與盲人關係的手冊與數本小說。在這些獨特的人生經歷中，他曾經視他人為他者，也曾經是他人的他者。或許正是因為如此，使他有勇氣冒生命危險走入他者之域，去真正體驗那道看不見的隔離線彼端的生活。他從這趟旅途得到的體會，與他後來持續投入黑人民權運動，見證時代改變。當黎明到來，天漸漸光，格里芬在二十年後寫出本書中的另一篇文章〈一九七九年，他者之外〉。在這篇文章中，我們讀到他的晚年體悟：

這些年來我一直承受著的這些情感負擔——偏見和否定、恥辱和罪惡感——都一一化解了，因為我了解到**他者**根本並非他者。

所有人類都面臨著同樣的基本課題，包括愛人與受苦，努力為自己和孩子追求未來志向，以及單純地活著和不可避免地死去。這些都是每個人會面對的基本真理，是所有文化、所有種族及所有族裔的共同點。

實際上，我們與他們、我與你的二分法全部都不存在。只有一個普世的「**我們**」——只有一個人類家庭，因同情他人的能力和追求人人享有平等正義的訴求，而能團結一心。

在寫下這些話後的次年，格里芬與世長辭，享年六十歲。他的一生不算太長，但是他穿越出入過的他者疆界，比起那些固守成見、侮辱否定他者、偏執於自我的種族仇恨者，就像是比他們多活了幾輩子，得到了更廣大也更超越的智慧。他所留下的這番話，於今讀來更是重要：當今世界的各個角落彼此間的聯繫已是越來越密切，人類卻仍然在學習「他者不是他者」的智慧。感謝生活在半世紀之前的格里芬，以成為他者的勇氣，穿越人我的邊界。他留下的不只是一本書，是人類更好的可能。

推薦序

黑人的命與日常暴力

劉文（中央研究院民族學研究所助研究員）

二〇一二年二月，在冬日的佛羅里達州小鎮，一個下雨的晚上，一名十七歲的高中生崔恩・馬丁（Trayvon Martin）穿著一件帽T，手上拿著Skittles彩虹糖和一罐柳橙汁，正從便利商店走回家。路途中，他遇到自願擔任社區的守望相助隊員，白人與拉丁裔混血的美國人喬治・茲莫曼（George Zimmerman），懷疑馬丁要犯罪，並開始開車跟蹤他。在沒有任何目擊證人的情況下，茲莫曼與馬丁發生暴力衝突，未持有任何武器的馬丁，當場被茲莫曼射殺身亡。馬丁永遠沒有預料到那天是他在人世上的最後一天，而他唯一的罪名，就是他身為一名黑人，即使他沒有犯下任何罪行，他的存在，即被賦予了罪名。

茲莫曼最終被陪審團判定為無罪。馬丁少年的枉死，以及美國政府對警察暴力的偏袒，暴露了美國多年累積下來的種族不正義，也成為「黑人的命也是命」（Black Lives Matter）運動的開端，控訴警察不合理的執法。馬丁的事件之後，類似的執法不當事件接二連三地發生：二〇一四年，十八歲的非裔美國人麥可・布朗（Michael Brown）於前往祖母家的路上，在未攜帶武器的狀況下，被一名白人警察射殺身亡。而今年在全球疫情之中，另一名非裔美國人喬治・佛洛伊德（George Floyd）被警員用膝蓋壓制致死，整個過程被民眾錄下的那八分鐘影片，最後引爆了全美國、甚至是遍及全球的大規模抗爭，控訴美國政府的不公。如同馬丁的死亡，這些迫害的引爆點經常並非來自於戲劇化的事件，而是那些日常再微小不過的動作，被膚色加劇了罪名，進而釀成了無法重來的悲劇。今日美國社會的裂痕，以及白人至上主義的再次崛起，與美國建國以來就存在的種族不正義環環相扣。

《像我一樣黑》一書中，透過藥物改變與易容化身成為黑人後的白人作者約翰・格里芬，以日記體形式所描寫的經驗，與上述這些非裔美國人只因為膚色而經歷各種不平等的對待息息相關。五、六〇年代，在種族隔離制度下的美國，格里芬發現自己在旅途中，若想要飲水或使用廁所，都必須提前準備，確認是否有給黑人使用的空間；商店店員不願意讓他兌換旅支，他無法招到計程車，曾經幫他每日擦皮鞋的師傅認不出他，甚至無法再踏進從前他去過的餐廳。這些日常的不便與白人社會的嘲諷，即是美國黑人生活的常態，在六〇年代時是如此，而在二〇二〇年的當下，黑人的膚色依然不斷地讓他們面臨無法預期的歧視與暴力。

成為黑人的格里芬，在許多生活的瞬間都嘗試做小規模的反抗。他寫到當他在公車上，注意到白人乘客無論如何都不願意坐在他旁邊的空位。當他起身想要讓座給年老的白人婦人，也同樣地被身後的黑人乘客給予不贊同的眼光，因為預先的禮讓即是一種對於白人社會的退讓，必須讓他們累了，無法忍受地坐下，然後發覺其實坐在黑人身旁「也不會中毒」，而自己心中的恐懼有多麼地荒誕。帶著內在的白人特權與生長經驗，卻有著黑人外表的格里芬，不自覺與白人目光交接時，第一次感受到對方的嚴厲眼神與敵意，他才了解原來種族的界線是那麼地絕對，甚至連眼神都不可被跨越。

格里芬在書中經常提到的「羞恥」，並非化作為黑人而體驗到的歧視和屈辱，反之，他的羞恥來自於身為一個白人的無知，以及突然頓悟自己長期被結構性的種族不正義所保護。他寫道：「不論是白人還是黑人，我都是同一個人。然而，當我是白人時，我得到了白人兄弟間愛的微笑和特權，也得到黑人的仇恨目光或諂媚奉承。而當我是黑人時，白人認為我就是垃圾，而黑人則充滿溫情地對待我。」種族不正義所傷害的並非只有對黑人的歧視，更是整體社會的不信任、防衛與猜忌。從一個眼神、一個被過度解讀的肢體動作開始，即能釀成人命身亡的悲劇。

雖然種族的問題未解，書中所書寫的六〇年代並非全然地絕望。當時黑人民權運動的崛起，將種族不正義的問題推向美國主流社會，促成許多歷史性的民權改革，如同當下的美國，跨越種族的人們即使在疫情之中，也願意以行動走上街頭，控訴社會長期潛伏的種族危機和不正義。在今年夏日的紐約市，一場聲援佛洛伊德的「黑人的命也是命」遊行中，一名年輕的黑人男性拿著大聲公對在場全副武裝的員警們吶喊：「你們不是問題的核心，我們對抗的是整體的制度（the whole system）！」控訴單一名白人的歧視，或者懲罰一兩名執法不當的警察，都不是眼下運動的目標，人們透過肉身與吶喊，想要世界看見的是日積月累早已無法再被容忍的暴力。

格里芬在序中寫道：「黑人。南方。這些只是細節。真正的故事是一段具有普世意義的故事，關於一個人如何摧毀另一個人的靈魂與身體。」當我們看見社群網路上另一段黑人被誤殺的影片或者新聞，我們必須想起格里芬筆下的細節，這些跨越時空的姓名與身體，都在指向同一個故事。

導讀

穿越隱形的高牆：
——《像我一樣黑》與美國種族主義的爭端

盧令北（東吳大學歷史系副教授兼通識教育中心主任）

美國是多元族裔的社會，其中白人與非裔間的矛盾，始終是美國歷史上受人關注的熱點。自一九五〇年代起，美國學界對非裔美國人的系統研究才逐步開展，時至今日，「非裔美國人史」不但成為美國歷史研究的重要領域，「非裔美國人研究」更成為一個獨立的學門，而相關的專門論著，無論是數量或研究的深度與廣度，都有令人刮目相看的成就。

異於其他非裔美國人研究的學術專著，一九六一年出版的《像我一樣黑》因具有獨特的社會實驗性質而更顯其特殊性。本書作者約翰·格里芬是名南方白人，藉由化妝成非裔，親身體驗非裔居民所面臨的種族問題，而這種超越單純換位思考的實驗計畫，無論是在一九五〇年代或是今日，都是大膽且絕無僅有的嘗試。歷經七週「變身」成為非裔後，昔日自認為深諳種族問題的格里芬猶如浴火重生，對種族問題展現完全不同的思考層次，導正原先的種族偏見。

格里芬來自於充滿種族矛盾歷史的南方（德州），他所處的一九五〇年代，也是民權運動勃興的時期。譬如一九五四年，美國聯邦最高法院宣告學校內採行「分離但平等」（separate but equal）的種族隔離措施違憲；一九五五年，金恩博士在阿拉巴馬州首府蒙哥馬利市發動「拒搭巴士運動」，進一步挑戰南方社會內部長久以來的種族隔離政策；一九五七年，阿肯色州州長佛布斯（Orval Faubus）無視先前最高法院對「分離但平等」原則的裁決，悍拒非裔學生進入白人學校就讀，迫使聯邦部隊進駐校園，引發聯邦與州的緊張對峙。民權運動與種族主義彼此的激烈衝撞，提供了記者出身的格里芬大量的報導題材，但格里芬揚棄傳統的新聞報導模式，決定進行一項科學試驗，藉由服藥讓皮膚變黑，再經由化妝，讓自己在外表上完全看起來像一位非裔人士，接著分別親訪四個「下南方」（Lower South）州，路易斯安那、密西西比、阿拉巴馬以及喬治亞，深入鄉鎮社區，理解在充滿不公與種族主義的社會中，一位非裔美國人的真實感覺。

格里芬為期七週的喬裝打扮實驗，於一九五九年十一月一日，由路易斯安那州的紐奧良市開始。即使對此城市已十分熟悉，但初次喬裝成非裔的格里芬，其內心的恐懼與不安，仍遠超過新鮮感。晚上坐電車時，即使當地電車已無種族隔離規定，但格里芬仍自我警覺要讓白人先上車，並在車廂後面入座。隔日，格里芬上街蹓躂，沿路想找間允許非裔使用的廁所而不可得，詢問他人何處有合適廁所，他所得到的建議，竟是下次出門逛街不要離住家太遠，否則往往要穿越整座城市，才能找到一間廁所。格里芬與其他非裔居民交談互動的過程中，驚訝發覺即使與他們毫不相識，但自己竟已進入與他們相同的思考模式，靈魂與情感交疊在一起，感覺自己就是名非裔。在這種自然的狀況下，格里芬得以毫無距離地觀察並感受白人與非裔之間的真實互動。格里芬認為，紐奧良的白人對待非裔居民還算有禮貌，因為他們會很有禮貌拒絕非裔的任何要求，無論是喝水、用餐、上洗手間或是在公園休息。格里芬經常聽聞當地白人抱怨他們對非裔待之以禮，但卻無法得到非裔的正面回應。他認為，白人再多禮貌的言辭與舉措，都無法掩飾非裔在紐奧良，是處於連二等都不如的「十等公民」地位。

離開紐奧良，格里芬前往密西西比州。格里芬稱該州是最令非裔懼怕的地區，整個州都籠罩在一股怪異的氣氛下，猶如昔日希特勒發起進攻時，整個歐洲所感受到的莫名恐懼。格里芬觀察到當地白人與非裔之間存在更大的距離，在人身安全受威脅的情況下，促使當地非裔居民更和善，更願意彼此相互鼓勵與合作，相較之下，紐奧良當地非裔顯然冷漠許多。格里芬在密西西比州與阿拉巴馬州有多次搭乘白人便車的經驗，他自陳，白人之所以願意讓他搭便車，是基於齷齪的好奇心，而並非出於善意。白人司機跟他談話的主題，永遠圍繞在「性」，他們對非裔的性器官、性經驗、性對象充滿好奇，認定非裔男女都是性開放且永不停歇的性機器。一位貌似和善且活躍於公共事務的駕駛人，甚至自誇與多位自己雇用的非裔女性發生關係。格里芬不禁感嘆，這些白人在面對自己親朋好友及家人時，是否也是如此猥瑣下流、低俗不堪？

當格里芬抵達阿拉巴馬州時，他已喬裝非裔一個月了。過去他接觸的南方白人多帶有種族思想，不過他在當地曾遇到一位來自紐約的白人民權運動分子，一見格里芬即展現熱烈的「兄弟情誼」，並願意提供格里芬任何協助。但格里芬並未接受。對他而言，這種「兄弟情誼」令人反感。這些自詡為正義化身的北方人，全然不知他們的莽撞行徑極有可能讓非裔同胞陷入危險，而當他們的「好意」遭到婉拒後，則馬上顯露出認為非裔「不知好歹」的輕蔑態度，與南方白人並無不同。在格里芬旅行經過的城市中，喬治亞州首府亞特蘭大是他唯一給予正面評價的地區；當地雖然種族主義依舊盛行，但非裔群眾高度的團結性、主流報紙勇於替非裔發聲的作為以及市長的開明領導，都讓此城市氣象一新，民權氣氛優於南方其他地區。亞特蘭大的經驗也證明非裔在南方的困境並非全然無解。

格里芬的實驗旅程充滿挑戰，期間雖然曾受不了壓力而短暫終止實驗，所幸最終安然度過。計畫結束後，重返白人社會的他，不必再面對種族歧視，無須每天尋找吃飯、喝水以及上洗手間的場所。然而看似重獲自由的他，卻陷入某種錯亂當中：同樣是格里芬這個個體，昔日是非裔身分時，白人厭惡他，但非裔對他溫和以待；等他變回白人，則享受特權並得到白人兄弟般的對待，而非裔不是仇視他，就是對他極盡阿諛奉承。這次的實驗計畫，驗證了格里芬最初的假設，即白人與非裔是依膚色來論斷對方，而非根據人格與行為。

身處如此不公平的制度與環境中，非裔同胞為何不思群起抗議，推倒這堵種族主義的高牆？格里芬並未指出原因。但是當他喬扮成非裔，特別是身心靈都進入等同非裔狀態時，他不由自主地過得提心吊膽，深怕因稍不留意違反社會教條而受到處罰。當這種「嚴守社會規範」的自我警惕內化成日常行為及潛意識後，格里芬竟也自然且認分地接受現狀，無意去挑戰眼前的不公不義。格里芬意識到，非裔講白人喜歡聽的話，做白人想要他們做的事，白人自然就不會找麻煩，而非裔社群就能享有平靜。若貿然對抗體制，只會讓整個非裔群體陷入萬劫不復的境地。

面對非裔所受的待遇，格里芬顯然是無奈的。身為一名白人，他自省自己的種族立場，坦言很多白人種族主義者刻意曲解學術理論，形塑非裔知識水準低落的形象，藉以合理化其種族主義行為，但卻從不檢討非裔在學習與教育上的落後，肇因於白人剝奪了他們的受教權。在格里芬看來，白人無意去真正認識、理解非裔，他們建構非裔是次等種族的假象，卻提不出任何具體證明。他們唯一能利用的，就只剩膚色了。令格里芬沮喪的是，非裔長期以來，也被自己的群體灌輸類似觀念，凡黑皮膚者，受種族主義不公平待遇是很自然，沒什麼好大驚小怪的。在此刻板的意識形態下，非裔同胞主觀認定所有白人均非善類，這反而給非裔有心人士操作的空間，進一步激化種族衝突。最終，在白人與非裔毫無溝通與交流的情況下，種族主義的烈焰只會升高，種族問題更加難解。

格里芬在冒險之旅結束後，除了將其經歷連載於雜誌上，也多次受邀至電視台及其他演講場合。期間他與他的家人雖曾受到威脅，但他收到更多的支持與鼓勵，包含為數不少的南方白人。格里芬能理解這些南方白人的想法，他們隱藏對種族問題的真正立場，不願意在別人面顯露出他們對非裔同胞的同情與支持，因為他們懼怕當地的種族主義者，而不是非裔群眾。一九六〇年代，隨著種族衝突不斷擴大，民權問題成為美國政府無可逃避的問題。國會陸續通過劃時代的《民權法案》及《投票權法案》。支持民權運動的白人興高采烈聲稱，這是民權運動的勝利，民權運動的戰爭已光榮落幕，但格里芬對這樣的說辭感到訝異與不解。

眾人習於將格里芬視為非裔代言人，在諸多場合中，格里芬常被問到非裔對某些事情的看法為何？對某些議題的感受為何？白人要如何協助非裔社群？面對這些提問，格里芬的回答只有一個，就是請他們直接去問非裔同胞，邀請非裔同胞一起開會解決問題。他感嘆，即使民權相關法案陸續通過，但白人與非裔仍然沒有溝通，沒有交流，猶如兩個隔絕世界，彼此沒有互信。所謂種族和解猶如空中樓閣，依舊是個夢想。

至一九七九年，《民權法案》通過二十五年後，美國的民權狀況雖有所進展，但格里芬對整體的民權環境依舊不樂觀。人們仍普遍有個誤解，認為「善良白人」多住在北方，而南方盡是些「邪惡白人」，殊不知南北地區白人對非裔的態度幾無差異。格里芬坦承，當他一開始喬扮成非裔時，他嫌惡鏡中那個「黑鬼」，但在實驗過程中，這種偏見逐漸消融，因為他深刻感受到只要身為人，無論是哪種膚色，來自何方，對於道德、傳統、親情、家庭等價值觀都是一致的。格里芬直言，種族主義最大的謬誤，就是忽略這種人類共通性。任何人種都會面臨生存的挑戰、病痛的磨難、人生的起伏以及外在社會環境的壓力。面對這些共同考驗，人的情感都是相同的，即使自稱「優秀」的種族也同樣必須面對，無從逃避。

自一六一九年第一批非洲奴隸進入美國，至一八六五年內戰結束終結奴隸制度為止，奴隸制度在美國存在近二百五十年。在如此長時間的發展下，奴隸制度早已不是一項單純的勞動制度，它與美國歷史、社會及文化結合之深，猶如美國憲法之於美國民主制度。內戰瓦解了奴隸制度，但並未終結種族矛盾與種族主義，遲至一九六五年，內戰結束後一百年，當國會通過《投票權法案》，法律對非裔同胞的平權保障方勉稱到位。相較於非裔同胞被奴役超過兩世紀，《民權法案》及《投票權法案》通過至今尚不及一甲子，格里芬所企盼的白人與非裔將彼此視為同類，共享平等自由的大同境界，仍是條漫漫長路。即便如此，這並不代表生而為人的基本權利可任意遭侵犯。如格里芬指出，種族主義雖普遍見於美國各地，但它絕非是種族歧視可恣意橫行的藉口。《像我一樣黑》出版至今已六十年，但美國和世界各地的種族主義及種族衝突從未暫歇。昔日格里芬的警句依舊如暮鼓晨鐘，足為世人所警惕。

引言

斯塔茲・特克爾（Studs Terkel），口述歷史學家
二〇〇四年於芝加哥

在《像我一樣黑》問世四十五年之後，再次閱讀它就像是與鬼魂同行。這是一趟穿越不安之地的旅程，過程中沒有為你指路的嚮導。儘管那段動盪的歲月已事過境遷，特別是在南方，然而許多事物仍舊同樣棘手。黑白之間的衝突仍是美國的一大痼疾。

究竟成為「他者」是什麼感覺？自第一艘奴隸船抵達查爾斯頓港（Charleston Harbor）後的四百年以來，只有極少數思考細緻入微、充滿英雄氣概的白人，曾一度思考過這樣的問題。其中只有一個人讓思考延續下去。約翰・霍華德・格里芬（John Howard Griffin），一名德克薩斯州的白人，想到也做到了這件前所未聞之事：他成為了一名黑人（black man）。

格里芬是神學院學生，法國哲學家雅克・馬里旦（Jacques Maritain）的追隨者，也是音樂學家、攝影師及小說家。他決心成為一名「黑鬼」（Negro）。（在那個年代，大眾還未

開始使用「非裔美國人」（African American）一詞。）

在皮膚科醫師的協助下，他服用了改變膚色的藥物，並將自己曝曬於強烈的紫外線下。在過程中，他雖然承受了相當大的不適，他終究跨越、完成了轉變。為了更加逼真，他剃了個乾淨俐落的光頭，確確實實地搖身一變成了一名近中年、看來有頭有臉的黑人男性。他已經準備好前往深南方漫遊，尤其是密西西比州。他以日記體書寫這本書。第一篇記述寫於一九五九年十月二十八日，這天是他鼓起勇氣進行挑戰的第一天。最後一篇日記則寫於同年的十二月十五日，這天他回到了位於德州曼斯菲爾德（Mansfeld）的家及家人身邊——作回一名白人丈夫與父親。

收錄在他的日記之後的是旅程的後續，敘述了《像我一樣黑》出版之後蔓延的風暴。想當然耳，他在國家期刊、電視及廣播上都獲得了讚賞，不過誹謗謾罵也隨之而來。這當然令人憂心。但最重要的，而且至今仍至關重要的問題是，美國白人很難對身為他者的經驗感同身受。

我認識的一名黑人女性提到過所謂的「感覺基調」（the feeling tone，編按：指人在情感上對自己和生活所抱持的態度，而這些心態在很大程度上左右了個人的經驗與感受）。約翰·格里芬在他那充滿危險、難堪的，有時甚至滑稽卻奇異地充滿希望的旅程中，捕捉到了那個「感覺基調」，而我認識的所有白人中沒人能夠做到如此。
你猜得沒錯，這是一本關於當下的書。

作者序

這或許不是一切，無法說明所有的問題。但這本書談的就是在黑人被壓迫的國度裡身為一名黑人的感覺。

有些白人會說這不是真的。他們會說這是一名白人男性作為黑人在南方的經驗，而不是黑人自身的經驗。

但這都是枝微末節，我們已經沒有時間了。我們沒有時間鑽牛角尖還避重就輕。我們爭論著不重要的事、混淆議題，害我們無法聚焦問題所在。

黑人。南方。這些只是細節。真正的故事是一段具有普世意義的故事，關於一個人如何摧毀另外一個人的靈魂與身體（並在過程中也摧毀自己），而且雙方都不知道究竟是為了什麼。這是一個關於被迫害、被欺騙、被懼怕、被厭惡的故事。我可以是在德國的猶太人、在某些州的墨西哥人，或是任何「弱勢」團體的一員。故事都是一樣的，差別只在於細節不同。

這原本是一項針對南方黑人的科學性研究，我仔細彙集資料並加以分析。但我把這些資料寫成報導送出，並出版自己作為黑人的經驗日誌，以未經修飾、第一手資料的狀態公諸於世。這個日記描述了當所謂的一等公民與二等公民的垃圾身分交織時，其心靈、身體和智識所遭受的所有變化。

一九六一年，約翰・霍華德・格里芬

棲息在傍晚淡白的天光之下……

一棵修長的樹……

夜色溫柔而至

像我一樣黑。

——蘭斯頓・休斯，〈夢境變奏曲〉

Rest at pale evening . . .

A tall slim tree . . .

Night coming tenderly

Black like me.

——Langston Hughes, from “Dream Variation”

一九五九年，深南方的旅程

踏入遺忘之境

十月二十八日
曼斯菲爾德

這個想法已經困擾我很多年，而那天晚上，它比以往任何時候都更加縈繞在我心中。如果在深南方有個白人變成黑人，他會需要調整什麼？因為膚色而被歧視，遭遇到種種自身無法控制的情況，是什麼樣的感受？

在我的舊穀倉所改成的辦公室桌上有一份報告，它再次讓我深思。這份報告提到南方黑人的自殺傾向增加。這並不意味他們自己結束了自己的生命，而是他們已經到了一個徹底不在乎自己生或死的境地。

當時的情況就是這麼慘，儘管南方的白人議員堅稱他們與黑人有著「絕佳和諧的關係」。我窩在辦公室，就位於我爸媽在德州曼斯菲爾德的農場裡。在我八公里外的家中，我的妻子和孩子正睡得香甜。坐在這兒，秋天的氣味從窗戶透了進來，將我圍繞，我無法離開，也無法入睡。

除了成為黑人外，希望知道真相的白人還可以怎麼辦？雖然在南方大家比鄰而居，但兩個種族之間根本早已停止交流。誰都不知道另外一群人的情況。南方黑人不會告訴白人真相。因為在很久以前他就知道，如果說出讓白人不悅的事實，白人將會讓他的生活痛苦不堪。

我看到唯一能彌補我們之間鴻溝的方法，就是成為一名黑人。我遂決定這麼做。

我突然發現自己準備踏進一種如謎團般且令人恐懼的生活。當我決定成為黑人，我才意識到，雖然自己專研種族議題，我其實對黑人實際碰上的問題一無所知。

十月二十九日

下午我開車到沃斯堡（Fort Worth）去找我的老友喬治．列維坦（George Levitan）討論這個計畫。他是《深褐》雜誌（*Sepia*）的老闆。《深褐》是一份跨國發行的黑人雜誌，風格類似於當時以豐富照片為特色的《形象》雜誌（*Look*）。喬治是名身形龐大的中年男人，一直以來我都很敬仰他，因為他讓不同族裔的求職者有公平的就業機會，根據能力和未來潛力來選才。透過在職培訓計畫，他讓《深褐》雜誌成為業界模範，從編輯、印刷到發行，都是在這座造價數百萬美元的沃斯堡工廠進行。

那天是一個美麗的秋日。我開車到他家，下午三點多抵達。他的門隨時都敞開著，我就走進去叫他。

他人很熱情，給了我個擁抱，讓我坐下來，並請我喝咖啡。從小房間的玻璃門望出去，看到幾片枯葉漂浮在他家游泳池的水面上。

他把臉頰埋在拳頭裡，聽我解釋我的計畫。

「這是個很瘋狂的主意，」他說，「你到那邊胡鬧會害死自己的。」但他無法掩飾內心對此計畫的熱忱。

我跟他說，南方的種族問題是整個國家的污點，對於我們的國際形象來說尤其不利。而要搞清楚我們國家是否有次等公民並了解他們的困境，最好的方法就是成為他們的一分子。

「但情況會很糟。」他說，「你會成為全國最無知暴民的眾矢之的。如果被他們抓到了，他們一定會扒了你的皮，以儆效尤。」他凝視著窗外，一臉專注。

「不過你知道的，這是個好主意。我完全可以了解你現在的心情，那我能怎麼幫助你？」

「費用讓你付，我寫幾篇文章給《深褐》，或者讓你採用我書中的幾個章節。」

他同意了，但建議我在確認最後計畫前，先與《深褐》的編輯總監阿黛爾・傑克遜夫人（Adelle Jackson）討論。我們倆都非常重視這位出色女性的意見。她從秘書一路向上爬，最終晉升成為全國最傑出的一名編輯。

和列維坦先生道別之後，我就打電話給她。起初，她認為這個想法絕不可行。她說：「約翰，你不知道你給自己挖了什麼坑。」她認為當我的書出版時，我會成為所有仇恨團體憎恨的對象，他們會竭盡所能地抹黑我，而許多善良的白人在眾目睽睽之下，也不會幫我說話。而且，即使是心存善念的南方人，他們私下也會認為，白人假裝成非白人是自甘墮落，令人反感。此外人們還會說：「不要惹事生非，就盡量維持和諧。」

然後我回家把計畫告訴我的妻子。她從驚訝中回神後，立即毫不猶豫地同意，說如果我覺得真的必須做這件事，那就這麼做吧。作為她對這計畫的支持，她表示願意與三個孩子共同承擔起這個丈夫和父親皆缺席、不甚美滿的家庭生活。

晚上我回到位於穀倉的辦公室。窗外的青蛙和蟋蟀讓無聲更加寂靜。一陣涼風拂過，樹林中的枯葉沙沙作響，帶來了一股清新的泥土味，讓我注意到外邊的田地，數小時前農人才剛用拖拉機犁完田。我在靜謐中感受到大地的生機盎然，感受到在田畦深處鑽洞的蚯蚓，感受到在森林裡尋找夜間發情的配偶或覓食的動物。我開始感受到寂寞，對我決定要做的事情感到畏懼。

十月三十日

這天我與傑克遜夫人、利維坦先生和達拉斯辦事處的三名聯邦調查局探員共進午餐。我知道我的計畫不在他們的管轄範圍內，他們也無法提供任何形式的協助，但我希望提前告知他們。我們討論了詳盡的細節。我決定不更改我的姓名或身分。我只會改變自己的膚色，讓人們自己下結論。如果我被問到說我是誰或我在做什麼，我會如實回答。

「不管我的膚色為何，你們認為他們會把我當成約翰．霍華德．格里芬來對待？或者，雖然我是同一個人，但他們只會把我看作無名的黑鬼？」我問道。

「你不是認真的吧。」其中一位說，「他們不會問你任何問題。他們一看到你，就會認定你是個黑鬼。關於你，他們不會想要知道別的事。」

十一月一日

紐奧良

我在入夜之後搭機抵達。我把行李寄放在法國區（French Quarter）的蒙特萊昂酒店

（Hotel Monteleone），然後到外面走走。

這是個很奇特的經驗。我在失明的期間[1]曾經來過法國區，並在這裡學習用拐杖走路。現在，當我看到失明時曾到過的地方，內心非常激動。我走了好幾公里，試圖用眼睛辨識那些過去只能憑氣味和聲音認得的事物。街上到處都是遊客，我在他們之中漫步，狹窄的街道、鐵窗花的陽台、燈火通明的鋪石庭院裡瞥見的綠色植物和藤蔓，這些都深深吸引著我。無論是人煙罕至、點著盞燈的街角，或是皇家街（Royal Street）閃爍的霓虹燈，每個景色都無比魔幻。

我走過幾家俗豔的酒吧，拉客的簇擁我進去看看那些「美麗女子」擺臀弄姿。他們把門敞得夠開，足以窺見裡面昏暗、藍霧瀰漫，粉紅色聚光燈的光束交相灑落，讓半裸的女孩肉體呈現玫瑰色。我繼續步行，喧鬧的爵士樂從酒吧裡傳來。古老石板街道、克里奧料理（Creole cooking）[2]和咖啡的氣味充滿著整個街道。

在布魯薩德餐廳（Broussard's），我在星空下絕美的庭院中享用晚餐，包括炸牡蠣拼

1 編注：格里芬曾在二戰期間受傷，導致失明長達十年。
2 編注：融合了法國、西班牙和非洲等移民特色的料理，常見於美國南方。

盤、蔬菜沙拉、白酒和咖啡，就跟我幾年前在這兒用餐時一樣的菜色。我看著眼前的一切——燈盞、樹木、點著燭光的餐桌、小噴泉，彷彿我透過一個精密的相機鏡頭看著這一切。被優雅的侍者、溫婉的客人、精緻的料理環繞著，我想到接下來的日子我將居住在這城市中的另一個區域。在紐奧良，有黑人可以吃到炸牡蠣拼盤的地方嗎？

晚上十點，我吃完晚餐，接著打電話給一位住在紐奧良的老朋友。他堅持要我住在他家，讓我鬆了一口氣。我可以想見，在我把自己變成黑人的過程中，如果住在旅館裡將會遭遇各式難題。

十一月二日

早上我打電話給醫療資訊服務單位，詢問一些著名皮膚科醫生的資訊。他們給了我三個名字。第一個接到我電話的醫生立即讓我約診，於是我就搭路面電車到他的辦公室，向他解釋我的需求。他從來沒遇過有人提出這樣的需求，但是願意協助我完成計畫。醫生記錄了我的病歷後，他要我等一下，他同時透過電話聯繫一些同事，問清楚能讓皮膚變黑的最佳方法。

過了一會兒，他回到診間，告訴我說他們一致同意先讓我使用口服藥物，再讓紫外線照射身體。他解釋說，他們也是讓臉上和身體會出現白斑的白斑症患者使用這樣的療法。在這種藥物研發出來以前，白斑症患者到公共場所都需要上厚厚的一層妝。不過這個療程有其風險，通常需要六週到三個月的時間才能讓膚色變黑。我告訴他，我沒有那麼多時間，所以我們決定嘗試加速療程，並在期間不斷抽血檢查，確認我的身體對藥物的耐受性。

我拿了處方，回到家裡吃下藥。兩個小時後，我用日光燈的紫外線照射全身。

我的房東朋友大部分時間都不在家。我告訴他，我正在進行一項我無法與他討論的任務，而且如果我有天不告而別，他也不用感到驚訝。我知道他沒有偏見，但我仍然不希望把他牽扯進來，因為一旦我的故事開始為人所知，一些偏執狂或他的友人可能會因為他當初讓我住他家而報復他。他給了我一把他家的鑰匙；我們同意維持不同的作息，就不必擔心在互動上要像一般主客關係那樣客套。

晚飯後，我搭電車進城，走過了南拉姆帕特街（South Rampart Street）與德里亞茲街（Dryades Street）一帶的黑人區。這裡大多是窮人區，有各種餐館、酒吧和小店，接鄰著擁擠的住宅。我在尋找一個讓一切開始的機會，讓我進入黑人世界的門路，或許是某個熟人。但到現在，我還毫無頭緒。我最擔心是我真的要「穿越進入」的那個蛻變的瞬間。在哪裡、又該怎麼做？從白人世界進入黑人世界是件複雜的事。我在牆壁上尋找縫隙，好讓我不被發現地穿越。

十一月六日

過去四天當中，我大部分時間都在醫生那兒，或關在我的房間裡，用棉布覆蓋眼睛，然後打開日光燈照射身體。醫生們進行了兩次血液檢查，沒有發現肝臟受損的跡象。不過藥物讓我精神不振，而且經常感到噁心。

我的醫生很好心，多次警告我說這個與黑人接觸的計畫實在很危險。現在他有些時間思考了，開始懷疑這個療程是否明智，又或者他感受到自己沉重的責任。不管怎樣，他提醒我說，在每個主要城市都必須有一些聯絡人，好讓我的家人可以時不時確認我的安全。

「我相信人與人之間的情誼，」他說，「我尊重黑人。但我永遠不會忘記我在當實習生時，有次不得不去南拉姆帕特街幫幾個人治療。他們三、四個人坐在酒吧或朋友家中。他們前一刻顯然是朋友，但後來出了點事，其中一個人就被砍了一刀。我們願意竭盡全力幫助他們，但問題是，您如何告訴他們履行正義的責任？明明你很擔心他們是如此胡作非為，甚至可能殺了你，尤其他們對自己人本身的態度就是這樣。」他帶著真切的悲傷如此說道。我告訴他，我認識的人告訴我，黑人們本身已經意識到了這個難題，他們努力團結同胞，也進而譴責任何可能對整個種族不利的手段、暴力或不義之舉。

「我很高興聽到你這麼說。」他說道，但顯然也沒有被說服。

他還告訴我一些黑人曾經跟他說的事：膚色越淡的黑人，就越值得信賴。我很驚訝這麼有智識的人竟然會相信這種無稽之談，也同樣驚訝於黑人竟然會提倡這種說法，因為這會讓膚色較黑的黑人處於劣等地位，同時助長以膚色看人的種族主義想法。

當我沒有躺在日光燈下時，我就在紐奧良的街道上行走著，熟悉自己的所在。每天我都會去法國市場附近人行道的擦鞋攤。擦鞋工是個老人、個子大、聰明伶俐，善於言談。他在第一次世界大戰期間失去了一條腿。他沒有表現出南方黑人卑躬屈膝的樣子，很有禮貌又容易親近。（不過我沒有幻想說我了解他，因為他太機靈了，不會讓任何白人享有那樣的特權。）我告訴他我是個作家，來到深南方考察人們的生活、公民權利等等，但是我沒有告訴他我會以黑人的身分執行這個任務。最後，我們交換了名字。他名叫斯特林·威廉斯（Sterling Williams）。我認為他可能是我進入黑人群體的引路人。

十一月七日

早上我最後一次去看醫生。療程不盡如人意，沒有如我們希望的那麼迅速，但我現在的膚色已經夠深，可以完美地塗上染色劑。我沒有自然捲，所以我們決定我必須剃光頭。劑量確定了，時間越久膚色會更暗沉。接下來，就靠我自己了。

醫生表達了很多次的疑慮，可能後悔在這個變身計畫中跟我合作。他再次嚴正警告並告訴我，不論是白天晚上，任何時候若遭遇麻煩，都可以跟他聯絡。我離開他的辦公室時，他握了握我的手，嚴肅地說：「從現在起，你將進入遭人遺忘之境。」

寒流侵襲紐奧良，所以那天躺在燈下感覺很舒服。我決定當天晚上就剃光頭，開始我的旅程。

下午，我的房東眼帶善意但不安地看著我。他說：「我不知道你在做什麼，但我很擔心。」

我請他別這麼想，並暗示我可能會在晚上離開。他說他有個會議，會把它取消。我請他不要這麼做。「我不想要我離開的時候，你在這裡。」我說。

「你之後要做什麼？當個波多黎各人還是什麼的？」他問道。

「差不多吧，」我說道，「這可能會導致一些麻煩。我寧願你對這件事一無所知，我不想要牽連你。」

他大約在五點時離開。我幫自己弄了一頓晚餐，喝了很多杯咖啡，延後面對這個把自己頭髮剃光、抹上染色劑，以黑人身分走入紐奧良黑夜的時刻。

我打電話回家，但沒人接。我的神經緊張，感到恐懼不安。終於，我開始剪頭髮，剃光頭。花了好幾個小時，用了好幾片剃刀刀片，我才覺得腦袋瓜摸起來很光滑。我被房子的寂靜所籠罩。夜漸漸深了，我偶爾聽到電車晃行而過。我塗上一層又一層的染色劑，再把它擦掉，然後沖洗掉多餘的。直到我穿好衣服、打包好行李，我才看向鏡子。

我關掉所有的燈，走進浴室，關上門。在黑暗中，我站在鏡子前，手放在電燈開關上。我強迫自己把燈打開。

光線從白色瓷磚上流瀉下來，一個陌生人的臉龐和肩膀出現在我眼前，他從鏡子裡瞪著我——一個兇猛、光頭、膚色非常黑的黑鬼。他一點也不像我。

整個改造是徹底而懾人的。我原本預期的是喬裝，但這截然不同。我被囚禁在一個完全陌生的人體內，一個我從未見過、漠不相干的陌生人。所有我作為約翰．格里芬的生命印記都被一抹而去。就連感官上也發生如此深刻的變化，讓我苦惱不已。我照著鏡子，看不見任何關於白人約翰・格里芬的過去。不，鏡中的那人把我帶回到非洲、回到那些破房子和貧民窟、回到黑人徒勞無望的奮鬥。突然之間，幾乎在毫無心理準備、沒有任何預兆的狀況下，那身影變得很清晰，滲透了我的身心。我的直覺是與之對抗。我做過頭了。我現在知道，當那黑色無法被抹去，就沒有所謂的喬裝的白人。無論他曾經是誰，有著黑色皮膚的人就是百分之百的黑鬼。我是一個剛剛才出生的黑人，必須走出那扇門，去一個對我而言完全陌生的世界生活。

如此徹底的轉變嚇壞了我。這與我本來想像的截然不同。我變成了兩個人，一個是觀察者，另一個則是驚慌失措，感受到自己由裡到外都成了黑人。我開始感受到巨大的孤獨，並不是因為我是黑人，而是因為過去的自己，那個我認識的自己，被埋藏在另一個人的肉體內。如果我回到家中的妻兒身旁，他們不會認得我。他們會打開門，茫然地看著我。我的孩子們會想知道這個高大的光頭黑人是誰。如果我走到朋友面前，我可以想見他們不會一眼就認出我。

我竄改了人類存在的奧秘，迷失了自己。這件事讓我崩潰。以前的格里芬不見了。

最慘的是，我覺得我一點也不想和這位新生之人成為同伴。我不喜歡他的長相。我想，或許這只是第一時間的震驚反感。但改造已經完成，沒有回頭路了。接下來幾週，我就是這個年邁的光頭黑人了。我必須旅行穿過一片敵視我的膚色與皮相的土地。

我該如何跨出第一步？黑夜在外頭等待著。我的腦中浮現上千個疑問。我再次感受到自己處在奇特的處境——我在午夜時分出生，一出生就是個老人，開始新的人生。這樣的人應該怎樣過他的生活？他要去哪裡取得食物、飲水和睡覺的地方？

電話忽然響了，我感到緊張不安。我接起電話，告訴來電者說我的房東傍晚就外出了。再一次的，這個奇怪的感受，一種秘密的覺察，覺察到電話另一端的人並不知道自己曾與一個黑人交談。我聽到樓下古鐘的柔和聲響。我知道午夜了，儘管我沒有去算時鐘敲了幾下。我該走了。

我戰戰兢兢地走出屋子，步入黑夜。四下無人。我走到街角，站在路燈下，等候電車到來。

我聽到腳步聲。一名白人男性從暗處出現。他走來站在我旁邊。這一切都是全新的體驗。我是否應該點頭說「晚安」或是就不要理他？他目不轉睛地看著我。我僵硬得像個雕像，想說他是否會開口和我說話，質疑我。

夜晚很冷，但汗水讓我的身體濕透了。這也是新的體驗。這是這位成年黑人第一次流汗。我隱約地感到被啟發，即黑人格里芬的汗水帶給身體的感受竟然和白人格里芬的汗水一樣。就像我預期的那樣，我的發現都很天真，像孩子一樣。

路面電車轟隆隆地停了下來，慘白的光線從車窗內透了出來。我有記得要讓白人先上車。他付了錢，走到一個空位，無視於我。我感受到第一次的勝利。他沒有質疑我。我付車費時，電車上的售票員親切地點點頭。雖然紐奧良的電車並沒有採行種族隔離，但我還是找了一個後排的座位坐了下來。坐在那邊的黑人們瞥了我一眼，沒有絲毫懷疑或興趣。我開始覺得比較有信心了。我問其中一位在哪裡可以找到好的旅社。他說拉姆帕特街道上的巴特勒旅社（Butler）和其他旅社都一樣好，還告訴我從市區過去要搭乘哪輛公車。

下了車後，我沿著市中心的運河街步行，兩隻手都各提著一個小行李袋。我經過了以前晚上路過時總會有拉客的在那招攬我的小酒館和娛樂場所。他們很忙，在慫恿白人進去看看他們的女孩。半開的門傾瀉出熟悉的菸、酒和潮濕的氣味。今晚他們沒有促攬我。今晚他們看著我，卻沒有看見我。

我走進一家藥妝店，從我到這兒後我就每天光顧這家店。我走到賣香菸的櫃檯，每天都和我聊天的那個女孩接待我。「請給我一包皮卡尤恩（Picayunes）香菸。」我說，她則面無表情。

她把香菸遞給我，拿了我的紙鈔，交給我零錢，但沒有任何認出我的跡象，也沒有前幾天的那種玩笑互動。

又一次，我的反應像個小孩。我知道街道上的氣味、藥妝店香水和藥膏的氣味，對現在身為黑人的我和過去作為白人的我來說，都是一樣的。只是現在，我不能到賣汽水的櫃檯點一杯檸檬汁或要一杯水。

我搭乘前往南拉姆帕特街的公車。當我抵達巴特勒旅社時，除了小酒館外整條街空無一人。吧檯後面的一個男性正在幫一名女顧客做烤肉三明治。他說他弄完後就會幫我安排房間。我坐在其中一張桌子等待著。

一名身材高大、看起來很和善的黑人走進來，坐在吧檯邊。他對我咧嘴微笑並說：「老兄，你真的把頭髮剃光光了。」

「是啊，看起來還好嗎？」

「老兄，很俐落光滑。讓你看起來很不錯。」他說他知道女孩子們很著迷於光頭男人。「她們說這肯定代表性慾強。」我讓他覺得我就是因為這個原因剃了頭。我們閒聊著。我問他這是否是這個地區最好的旅社。他說在這條街上的日落飯店（Sunset Hotel）可能再好一些。我提起行李往門口走。

「光頭的，回頭見。」他對我說。

一個橘色霓虹燈指引我到接鄰著一家酒吧的日落飯店。單調窄小的飯店大廳空無一人。我在櫃檯前等了一會兒，然後按了呼叫鈴。一名顯然剛從睡夢中醒來的男人穿著內衣走過大廳，一邊扣好褲子。他說我必須先付款，而且他不允許男人帶女孩來開房間。我付了二點八五美元，他帶我走上狹窄、吱吱作響的樓梯，走到二樓。他打開我的房間門，我站在他身後，從他肩膀看過去是一個簡陋的小方室，連扇窗都沒有。我差點萌生退意，但意識到我可能找不到更好的選擇。

我們走進屋裡，看到房間是乾淨的。

「浴室在走廊盡頭。」他說。他離開後，我把門鎖好，坐在床上，床的彈簧咿歪作響。一片愁雲慘霧籠罩著我，而樓下酒吧傳來的喧鬧聲、笑聲和點唱機爵士樂聲讓我的心情更加陰鬱。我的房間幾乎只比一張雙人床再寬一些而已。門上方面向走廊的開放氣窗是唯一的通風口。因為與其他房間相連，空氣一點也不流通。除了床，我還有一個小小的煤氣爐和一個殘破的床頭櫃。上面放著兩條薄毛巾，半塊伊芙牌香皂（Ivory soap）。

時間已經超過一點了。燈光如此微弱，我幾乎看不到，無法寫字。沒有窗戶，我覺得被囚禁在裡面，令人窒息。

我把燈關掉，試圖入睡，但是噪音太多。光線從通風口透了進來、灑落在吊扇上，讓四片靜止的風扇葉片的影子扭曲歪斜，映照在對面的牆上。

一隻狗在附近吠叫，叫聲越來越大，同時點唱機換了另一首歌曲，透過我房內的油氈地板，炸裂般地穿透進來。我無法擺脫這一切所帶來的幾近絕望的悲傷，也驚嘆於聲音竟然會如此讓人灰心喪氣。

我套上褲子，光腳走在那昏暗狹窄的走廊上。我走到門口，上頭掛著一個粗體標語牌子寫著「男士」。我踏進去，牆上的金屬蓮蓬頭水聲轟鳴，沖打著淋浴間的牆壁，空氣中混著冷汗和肥皂的氣味。有一個男人在沖澡。另一個高大、黑皮膚的男人，赤裸地坐在地板上，等著輪到他淋浴。他靠在牆上，雙腿向前伸展。儘管他全身一絲不掛，仍透露出尊貴的氣質。我們的目光相遇，他禮貌地點頭問候。

「變冷了，你說是嗎？」他說道。

「的確是的。」

「你在跟我說話嗎？」淋浴中的男人在水流聲中喊道。

「不是，有另外一位男士在這裡。」

「我再洗一下下就好。」

「慢慢來，他沒有要洗澡。」

我注意到淋浴間是乾淨的，雖然設備老舊且生鏽。

「你房間內有暖爐嗎？」坐在地板上的男人問。我們看著彼此，可以感受到他帶著善意，試著與我攀談。

「有，不過我還沒打開。」

「你並不想要沖澡？」他問道。

「不想，太冷了。你坐在地板上一定凍壞了，又沒有穿衣服。」

他的褐色眼睛好像不再顯得那麼嚴肅。「最近這邊天氣好熱。我覺得變冷也滿好的。」

我走到角落的洗臉台洗手。

「你不能用那個，」他很快地說道，「水會流到地板上。」我看了下方，就像他說的，下面沒有排水管。

他伸手輕輕彈了彈身旁濕淋淋的帆布浴簾。「嘿，退後一下，讓這位男士洗手好嗎？」

「沒關係，我可以等。」我說。

「你洗啦。」他點頭道。

「沒問題，來吧。」淋浴間裡的男人說。他把水轉小。淋浴間裡視線模糊，我只看到一個黑影和潔白發亮的牙齒。我跨過地上那雙伸長的腿，用淋浴間裡的男人塞到我手中的肥皂，迅速洗了一下手。洗完後，我向他道謝。

「沒問題。我很樂意。」他說，又再把水開到最大。

坐在地板上的男人把毛巾遞給我擦手。在沒有窗戶的小房間裡，在昏暗燈光下，我意識到這是自己作為黑人第一次與其他黑人長時間接觸。它的戲劇性在於其缺乏戲劇性，在於其平淡，在於我們覺得必須相互禮讓。我揣想，是不是因為外面的世界對我們太過惡劣，以至於我們對抗世界的方法是以善意彼此療癒。

「你要不要一根菸？」我問道。

「要的，先生，我確信我需要。」他移動沉重的身體向前傾，接過了我的菸。他頭頂上的燈沒有燈罩，昏黃的燈光直接照在他黑色的肉體上。我把手伸入褲子口袋裡摸索著火柴，點燃我們的香菸。我們聊到當地政治。我告訴他我剛來到這個城鎮，對這些事一無所知。他沒有再問問題，但解釋說，莫里森市長以公正著稱，黑人市民也希望他能當選州長。我明白我們的對話無法帶來任何改變，因為有那麼一會兒，我們和外面的世界毫無關係，我們不願中斷談話回到房間。儘管我們在互動上很客氣，但我們都感到溫暖和愉快。他一次也沒有問到我的名字或我來自哪裡。

淋浴間的男人沖完澡走出來，全身滴著水。大個子男人從地板上起身，把香菸扔進馬桶，走進淋浴間。我跟他們道晚安，回到自己的房間，不再感到那麼孤單。與和我有相同感受的他人短暫接觸，讓我感到無限溫暖。我們需要安全感，相信眼神除了懷疑或仇恨以外，還可以透露別的訊息。

十一月八日

房間裡一片漆黑，淡淡的光線從通風口透了進來。我在黑暗中醒來了幾次，想著這將是漫漫長夜。後來才想到房間裡沒有窗戶，外面可能已經天亮了。

我穿好衣服，拿起行李，走下樓梯。陽光燦爛地照耀著拉姆帕特街。透過飯店大廳的窗戶，可以看到來往的車流。

「格里芬先生，你今晚會再續住嗎？」櫃檯的男士和善地問道。

「我不確定。」

「如果想要的話，你可以把行李留在這裡。」

「謝謝。不過我需要裡面的東西。」我說。

「睡得好嗎？」

「是，還可以。請問現在幾點了？」

「才剛過十一點半。」

「天啊。我真的睡得很香。」

透過窗戶，外面的世界看起來模糊一片。我等了一下，好讓眼睛適應陽光，心中想著該做什麼事、該去哪裡。我的行李袋裡有幾件換洗的襯衫、手帕和內衣，有總計約兩百美元的旅行支票和二十美元的現金。另外還有我的藥，以及一個月份的讓膚色沉澱的膠囊。

我走出旅館，上街找些吃的。

街上到處都是黑人，沒人注意到我。我漫步其中，看看商店櫥窗。專做黑人生意的白人老闆站在店門口，向我們兜售。

「進來看看啊，今天鞋子特價。」

「進來轉轉就好，不勉強，我想讓你看看這些新的帽子。」

他們的聲音諂媚，虛偽地笑著。

這裡是貧民窟。過去，我曾帶著憐憫，以高高在上的態度看著這些人，而現在我屬於這裡，視野不同了。看到的第一眼就足以說明一切。在這裡，路旁可以看到一分錢銅板、雜物和痰；在這裡，人們行色匆匆就為了多賺幾分錢、做個生意，購買廉價的肝臟或過熟的番茄；在這裡，有著一股無法描述且令人絕望的氣息；在這裡，謙遜是一種奢侈，人們為生活奮鬥。我在尋找食物的時候經過貧民窟，看到了這樣的情形：在人行道上，一名年輕、梳著油頭的男人用不堪入耳的話，大聲咒罵著一名老婦人。婦人訕笑著，把那些下流話當面罵回去。雙方都怒不可遏。其他人從他們身邊經過，低著頭，抿著嘴，對他們充耳不聞。

在這裡，性慾是種解脫，讓那些無法以其他辦法證明自己的男子氣概的人得以證明自己。在這裡，正午時分，自動點唱機傳出爵士樂聲，啤酒、葡萄酒和肉體的清涼氣味從黑漆漆的酒吧逸散到陽光普照的街上。在這裡，臀部吸引著人的目光，挑逗著雙眼，讓眼神滿是慾望或笑意。看翹臀總比看貧民窟好。在這裡，我看到一名年輕人，他身上有股聖人的特質，步履蹣跚，眼神迷濛，彷彿快失去意識地從酒吧裡走出來。他坐在路邊，張開雙腿嘔吐。

「噢，他真的忍不住了。」某人說。

當他的頭前傾，我看到陽光沒入他脖子後面布滿汗水的黑色皺紋裡。

「你沒事吧？」我彎過身問他。

他無精打采地點頭。

「啊，他媽的！他只是掛了，」某人說道，「他沒事的。」

克里奧料理的香氣引我來到街角的一間餐館。

那是一個店面雖小卻溫馨的空間，室內漆成嬰兒藍色，餐桌上鋪著紅色格子布。吧檯前有個人，在我進門時對我點點頭。除了他以外，我是唯一的顧客。一位年輕親切的黑人女性幫我點餐，準備早餐：有雞蛋、玉米粥、麵包和咖啡，總共四十九美分。沒有提供奶油，也沒有餐巾。

在吧檯的那人轉身向我微笑，彷彿他有話想說。我的原則是盡量少說話。他注意到我的行李，問我是否來找工作。我給了他肯定的答案，然後問他是否知道城裡有哪些比較好的地區，可以讓我找到住處。

「這裡真是糟啊，不是嗎？」他做了個鬼臉，來到我的桌旁。

「你住這一帶啊？」

「是啊。」他疲憊地閉上眼。從門照射過來的光線讓他的太陽穴呈灰白色。

「德里亞茲街（Dyrades Street）上的青年會旅館應該是最好的。地方乾淨，住在那裡的人們素質也很好。」他說。

他問我從事什麼工作，我跟他說我是作家。

他告訴我，他常常搭公車到白人住的好區域，「就只是為了離開這個地方」。「我只是走在街上，看看那些房子等等的任何事物……就只是為了到一個比較像樣的地方……呼吸一些新鮮空氣。」

「我懂……」我體諒地說。

我請他喝了杯咖啡。他告訴我關於這個城市的事，還有一些我可以找到工作的地方。

「這附近有天主教堂嗎？」過了一會我問道。

「有喔，從德里亞茲街過去幾個街區就有。」

「最近的廁所在哪裡？」我問。

「喂，先生，你現在是想要做什麼？撒尿還是祈禱啊？」他輕笑。雖然我們低聲交談，但還是被女服務生聽到了。她大聲地咯咯笑，但很快地被廚房裡的其他聲音淹沒。

「偶爾一次做兩件事也沒什麼壞處。」我說。

「你說得真對，」他笑著說，一邊搖著頭。「先生，你說得真對。老天爺，老天爺啊……如果你在城裡待得夠久，你會發現你大部分的祈禱都是為了可以找到小便的地方。我告訴你啊，這一點都不容易。你可以到附近的一些商店，但幾乎都要先買點東西，才能問店家是否可以讓你用廁所。有些小酒館有廁所。你也可以到火車站或巴士站之類的地方。你只需要知道那些地方在哪。而且那裡只有少數幾間廁所是給我們用的。最好的辦法就是待在家附近，不要走遠。否則有時候你會發現自己得要穿越整座城，才能找到一間廁所。」

我與他分開後，便搭著公車進城，選了一個位於車廂中間的座位。接近運河街時，車上開始多了很多白人。除非他們自己找到座位，或是另一個白人身邊有空位，否則他們就寧可站在走道上。

一位有著一頭灰色鬈髮的中年女人站在我的身側。她穿著乾淨但褪了色的居家連身印花裙，裙子的一邊被往上拉高，因為她緊緊拉著上方懸吊的把手。她看起來很疲累，而我對此感到不自在。她隨著行駛的公車搖搖晃晃，我為自己缺乏紳士風度而覺得很折磨。我從座位起身，準備要讓座給她，但我身後的黑人皺起眉頭，表示不贊成。我意識到自己正在「反抗自己的種族」，隱晦的拉鋸立刻變得無比清晰。如果白人不跟我們同坐，那就讓他們站著。等到他們夠累或夠不舒服時，他們終究還是會在我們旁邊的位子坐下，而且很快地就會發現這麼做也不會中毒。但如果一開始就讓座，就是讓他們獲勝。在他們嚴厲的凝視下，我縮回自己的位子。

但是我的動作已經引起了那位白人女性的注意。我們的目光瞬間相遇。我對她感到同情，並以為她眼神中也透露出同情。目光的交換模糊了種族間的界線（對我來說還很陌生），過程長到足以讓我對她微笑，隱隱地暗示我旁邊有空位，讓她知道我很歡迎她坐下來。

她那原本顯得無神的藍眼睛，突然變得銳利起來。她質問我：「你幹嘛**那樣**看我？」

我發覺自己臉紅。其他白人乘客抬頭看著我。無聲的敵意嚇到我了。

「很抱歉，」我盯著自己的膝蓋說道，「我不是本地人。」我看見她突然一轉裙襬，轉身面向車頭。

「他們實在越來越沒有禮貌。」她大聲地說。另一名女人表示同意，兩人開始交談了起來。

我的肉體因羞恥而感受到刺痛，因為我知道黑人們對我的反感完全正當，是我引起了如此惹人嫌的關注。我用和他們一樣的方式坐著，像座人面獅身像，假裝沒注意到。人們漸漸失去興趣。敵意已被消解成無趣。那個可憐的女人喋喋不休，顯然不願失去關注。

我領會到一件奇怪的事——在人們成串、難以聽清楚的談話中，「黑鬼」（nigger）這個詞無比清晰地跳了出來。你總是會聽到這個詞，總是會覺得刺耳。而且使用這個詞的人總是會被歸為無知自大的一類。我自娛地想著，如果這兩個女人知道，這輛公車上的所有黑人對她們的人品的想法，她們一定會被激怒。

我在運河街下了車。車上其他的黑人都沒有如我預期的那般憤怒地瞪著我，而是詫異於竟然有如此愚蠢的黑人。

整整一個小時，我漫無目的地在法國區周邊的街道上行走。街道上總是很擁擠，總是陽光明媚。在德比尼街（Derbigny Street）上，我到一家名為「兩姊妹餐廳」的黑人小餐館裡喝咖啡。牆上一張大海報引起我的注意：

消除公車上的種族隔離之七項原則

一、祈求指引。
二、保持禮貌和友善。
三、保持整潔乾淨。
四、避免大聲說話。
五、勿起爭執。
六、任何意外發生時，立即報警。
七、以德報怨。

贊助者　牧師總會（Interdenominational Ministerial Alliance）

主席：A．L．戴維斯（A.L. Davis）牧師

秘書：J．E．龐德克斯特（J.E. Poindexter）牧師

我走到法國區，來到那個當我還是白人時經常造訪的擦鞋攤。我的朋友斯特林．威廉斯坐在人行道的一個空箱子上。他抬起頭，沒有認出我的跡象。

「擦鞋嗎？」

「是的。」我說，並爬上座位。

他用拐杖撐起沉重的身軀，蹣跚地走過來，開始要工作。我穿著設計特殊的鞋子。他曾幫我多次擦鞋，我覺得他應當認得出來。

「又是美好的一天。」他說。

「是啊。」

我的腳趾感覺到他的鞋刷輕快地刷過鞋面。

「你剛到這個城市嗎？」

我低頭看著他的後腦勺。打結的灰髮從黑色帆布製的船長帽下緣露了出來。

「是啊，才剛到幾天。」我說。

「我就想說難怪以前沒有在這一帶看過你，」他友善地說道。「你會發現紐奧良是個好地方。」

「看起來很不錯。這邊的人都很有禮貌。」

「噢，當然。如果一個人只是自顧自的，對其他人置之不理，是不會惹上什麼麻煩。我不是說要鞠躬哈腰——就只是，你知道的，表現出你有自尊。」他抬頭看著我的臉，帶著明智的微笑。

「我懂你的意思。」我說

他差不多擦好鞋子了，然後我問他：「這雙鞋有哪裡讓你覺得很眼熟的嗎？」

「有耶，我曾幫一名白人擦鞋擦了一陣子——」

「一個名叫格里芬的傢伙？」

「是啊，」他坐起身來。「你認識他嗎？」

「我就是他。」

他目瞪口呆地看著我。我跟他提到前幾次我們聊到的各種話題，直到他終於被我說服了。他興高采烈地拍打我的腿，並低下頭，雙肩因為大笑而抖動不停。

「哇，我真的很該死，你到底是怎麼搞的？」

我簡短地解釋。因為我所做的事，也因為我願意向他傾訴，所以他顯得開心，疲憊的臉也因此有了光彩。他答應要完全保密，並開始熱心地教導我，但同時聲音帶著警覺，環顧四周，確定沒有人會偷聽到。

我問他我是否可以留下來，幫他工作，擦幾天鞋。他說這個攤位老闆其實是他的合夥人，正在外頭找一些花生的貨源要賣給附近的酒鬼。我們得先問他，但很確定應該不成問題。「不過作為一個擦鞋工，你衣服也穿得太好了啦。」

我們坐在擦鞋台旁邊的箱子上。我請他仔細觀察我，哪裡做錯就讓我知道。

「你就看我做，聽我說話的方式，你很快就會學會了。說到這，」他興奮地說，「你那雙手，倒要想想辦法。」

陽光照在手上，毛髮在黑色皮膚上閃閃發光。

「天啊，」我嘆著氣說，「這該怎麼辦呢？」

「你要把它刮掉。」他說，一邊高舉著他的大拳頭，給我看說他手上沒有毛。

「你有刮鬍刀嗎？」

「有的。」

「趕快，趁還沒有人看到你。」他顯得激動且想保護我。「去那條小巷子，一直走到底，你會看到一間廁所，你可以在那裡盡快刮掉。」

我抓起行李袋，他則緊張地看那條巷子有沒有人。鞋攤在貧民區，街道上是老舊的房子，有著廉價的分租房和酒吧。

我急忙進到小巷，走入一個堆滿雜物的陰暗院子。幾個黑人隨意站著，或坐在木桌旁喝酒。他們無法進入白人的酒吧，只能在酒吧後門被接待。我看到一個標語，寫著「**男廁**」。當我準備打開門進去時，幾個聲音對我叫嚷。

「喂！你不可以進去那裡。喂！」

我轉身朝向他們，驚訝於連在貧民區這麼破舊的酒吧，也會有「隔離的設施」。

「那我要去哪裡？」我問道。

「你去後面那裡弄乾淨，」一個身形巨大的黑人醉漢說道，誇張地擺動手指指示我方向，差點失去平衡。

我又沿著小巷走了十五公尺，走進一間木屋。令人訝異的是，裡面非常乾淨。我用幾乎要鬆脫的鉤子鎖住門，在我的手背上塗抹上刮鬍膏，沒有用水就刮了起來。

我回來後，斯特林點頭表示滿意。他放鬆並微笑著，就好像躲過了一次可怕的劫難。他默許一切的態度就此一覽無遺。

「好，我的朋友，現在一點麻煩都沒有了，」他說，「沒人能猜得出來。」

一件古怪的事情發生了。在短時間內，他變得親切異常，忘記了我曾經是白人。他開始用「我們」來討論「我們的處境」。我的「黑人特質（Negro-ness）」讓我產生錯覺，完全主導我，讓我進入了相同的談話和思考模式。這是我首次真正感受到：我們都是黑人，我們在意的是白人以及如何與他們相處；我們在意的是如何在白人的尊重下，維持並提高自己的尊嚴，同時不容他們有片刻時間，以為他們有什麼上帝賦予的權利是我們所沒有的。

一名面容姣好的中年黑人婦女，身穿白色制服，從不遠之處的一道門出來，走上人行道。她看著我。

斯特林用手肘輕輕地撞了我。「你引起那個寡婦對你的興趣了，」他笑著。「等著瞧吧。她很快就會找理由來這裡。」

我問他說她是誰。

「她在酒吧工作，人也很好。在認識你之前，她不會輕言放棄。」

我開始覺得口渴，便問斯特林哪裡可以喝點東西。「從現在開始，你一定要提前規劃，」他說，「不能像以前白人時那樣。你不可以隨便走進任何地方說要喝杯飲料或用廁所。大約再走兩個街區，法國市場那邊有間黑人餐館，他們有飲料機，你可以在那邊喝東西。最近的廁所就是你剛去的那個。而在這裡——我有水。」

他伸手到擦鞋台的後面，拿出一個容量近四公升的鐵桶，鐵絲繞過桶子兩側的孔洞，做成一個手把。有一層灰塵漂浮在水面上。我端起水桶，喝了起來。

「哇喔，哇喔，看來我們有伴了，」斯特林說，「那位好寡婦往這邊走過來了。」

我往街上一瞧。從金屬製的直立式鞋架看過去，她優雅地朝我們這邊走過來。她小心翼翼地左右張望，才橫越大街。她對我視而不見，問斯特林是否有花生可賣。「沒有，親愛的。喬現在正在外面找貨源。每年的這個時候都很難找到花生。」他故作殷勤地說道，彷彿不知道她究竟為何而來；但我們三個人都知道他知道，我們三個也都清楚我們知道他知道的這件事。只是戲就是要這樣演的。

接著她轉過身來，表現得像是第一次看見我。她看起來很吃驚，然後露出開心的表情。「啊，你好嗎？」她帶著燦爛的笑容說，那笑不僅讓她光彩動人，也照亮了整個城區。

她如此神采飛揚，讓我相當驚異，於是我立刻向她點頭致意並含笑回應：「啊，很好。妳好嗎？」

「我很好，」她也點頭示意。「很高興在這裡遇見你。」

我又再點了點頭，有些慌亂。「謝謝妳，姑娘。」

我們沒再說話，看著彼此笑得有點尷尬，然後她轉身準備離開。「好，我會再見到你的。」她回頭大聲說道。

我呆呆地看著斯特林。他把帽子舉起，搔了搔他那頭灰髮，眼神睿智，但雙眼睜得大大的，看起來樂壞了。「你明白了吧？」他問道，「她喜歡你。你現在可進入困境啦。」他一陣大笑。「你應該沒想到會這樣吧？」

「我還真的沒有。」我說道。

「她不是什麼放蕩的女人，」他說，「只是一位在找尋伴侶的寡婦，而你穿得很體面，她絕不會錯過這樣的機會。」

「噢，天啊，這會讓事情變得複雜，」我嘆氣道，「就告訴她說我已經結婚了，好嗎？」

「嗯，我現在不知道耶，」他笑著。「這樣就不好玩了。我想，我只會告訴她你喪偶，說你是一位來紐奧良拜訪的傳教士。我覺得她是那種會想要成為傳教士妻子的人。」

「聽我說，你知道我不能瞎搞像這樣的事。等到這個計畫公開，她發現我是個白人時，就真的一點也不好玩了。」

顧客一個接著一個上門——有白人、黑人和拉丁裔。衣著講究的遊客混雜著城區的貧民。我們擦鞋時都會聊天。因為我們是黑人，而那些白人——特別是觀光客——在我們面前毫無保留，也不覺得羞愧。有些人想知道他們在哪裡可以找女人，希望我們幫他們找到黑人女孩。我們學會從他們坐下來那一刻起就發現他們的喜好，因為這些人馬上就跟我們打成一片，帶著熱情與禮貌平等相待。我跟斯特林提到這點。

「是啊，當他們想犯下戒律時，就變得非常民主。」他說。

雖然也不是每個人都對他們的目的如此坦白，但所有人都讓我們看到了他們對黑人的看法，說我們是如此道德低落，以致沒有任何事情會冒犯到我們。不過這些男人，不論老少，至少沒有像那些完全不把我們當人看，而是把我們當成機器對待的人那樣，如此令人反感。那些人付錢給我時，就好像把我看作一顆石頭或是一根柱子。他們看著我，卻什麼都沒有看見。

大約兩點的時候，斯特林的合夥人喬找完花生回來了。我們向他解釋我來的目的，他也歡迎我。喬身形瘦長，中年但看起來很年輕。他讓我留下深刻印象，覺得他是一個很機靈又隨和的人。他嘆氣說沒有花生。斯特林告訴他說有很多醉漢都經過說要買花生。如果有貨，就可以賣給他們，賺到滿滿一袋零錢。

喬開始在人行道上煮我們的午餐。他從橙色箱子裡拿出紙張和柴火，放入一個近四公升容量的桶子，點燃了火。當柴燒成炭後，他拿出一個彎曲的衣架當作烤架，並把鍋子放在上面加熱。他蹲下來，用湯匙攪拌。我看到裡面混合著玉米、蕪菁、米飯，並用百里香、月桂葉和青椒調味。這些食物是喬前一天晚上在家煮熟，然後裝在牛奶紙盒裡帶來的。加熱完畢後，喬把斯特林和我的食物放入裁剪好的牛奶紙盒。他則直接就著鍋子吃。東西很好吃，雖然會有腐爛的氣味從裡面熏上來。

喬朝我靠了過來，用湯匙指著馬路對面的男人。「你看那個醉漢，」他說，「他會坐在那裡——他想要一些食物，但是在我喊他以前，他都不會過來。」

那人坐在對街路邊，異常熱切地盯著我們看，全身緊繃，準備隨時被召喚。一張黑色面容上，他的雙眼充滿渴望，緊握雙拳，彷彿他必須控制自己不要衝過來搶劫食物。

我們緩緩地吃著，男子則持續盯著我們看。這是個奇怪的遊戲。我們明明只能窩在人行道上吃飯，但這個人的痛苦卻頓時提高了我們的地位。我們是貴族，他是乞丐。這件事讓我們受寵若驚。我們比他優越，這齣喜劇讓我們產生幻覺，妄自尊大。沒多久之後，富人的寬容將讓這個橋段更加完整。我們會把食物殘渣餵給窮人吃。

食物很充足。吃飽後，我們將紙盒裡吃剩的刮到喬的盤子上。

喬一派輕鬆地用湯匙背面把食物弄平，而那個男人滿懷期待地顫抖著。然後，喬也不看他一眼，伸出鍋子，用一種奇怪的親切語調說：「好了，你這狗屁，來吃吧。」

那人狂奔過街，抓起鍋子。

「如果剛好有來車，他一定會被撞死。」斯特林說。

「好，聽好了，酒鬼。那鍋子拿回來前要**清乾淨**，聽到了嗎？」喬說。

乞丐的目光停留在食物上，臉皺成一團，彷彿要哭了出來。他匆忙地跑進巷子裡，沒有回答。

「他每天都來這裡……總是這樣，」斯特林說，「我想如果不是喬，他早就餓死了。」

生意停了。陽光下我們坐在箱子上，背對著牆，看著法國市場來往的人潮。我盯著對街一棟荒廢石造建築上的破碎窗戶。斯特林大聲地打呼，然後又被一陣悶鼾驚醒。

乞丐拿鍋子回來還，剛洗完還濕濕的，把它交給了喬。

「好啦，酒鬼。」喬說。

那個男人沒說話，就慢慢走開了。

我聽著喬和路過此區的行人之間輕鬆聊天打屁、開黃腔。

「嘿，瘋子，你這麼匆忙？」

「喂，我要做生意啊。」

「你做什麼生意？嘿，哪裡可以弄到花生啊？」

「全城都買不到花生。我到處走遍了。」

「我也是。」喬說。

汗水、菸草、咖啡和濕潤石頭的氣味包圍著我們，而且總是伴隨著魚和附近海水的腥味。

我感覺到身後的牆壁暖暖的，讓我昏昏欲睡。我身為黑人的第一個下午，過得很枯燥，但又有些滿足。

過了一會兒，喬從他穿的綠色嗶嘰布質的軍裝襯衫口袋，拿出了一部袖珍聖經。他的雙眼下垂，無聲地默念起詩篇（Pslams）。但出於長期養成的習慣，不管誰經過，他都會頭也不抬地說：「擦鞋嗎？」

兩隻鴿子飛來人行道，落在我們的腳邊。喬丟了些麵包屑給牠們。牠們一邊啄著，陽光照在牠們紫色的脖子上，散發彩虹般的光暈，為我們帶來了深深的快樂，為凌亂、骯髒的街道帶來慰藉。

喬直挺地站了起來，拍拍座位上的灰塵，緩緩走向魚市場。回來時，他手裡拿著一袋鯰魚頭和一些綠色香蕉。他說魚頭不用錢，明天我們可以當午餐——燉鯰魚頭拌義大利麵。

「聽起來不錯。」我看著袋中數十隻閃閃發亮的魚眼睛說道

我們把他從市場垃圾桶撿來的綠色香蕉用報紙包起來。「再兩三天，變熟就可以吃了。」他說。

到了四點，街道暗了下來。陽光從我們上方建築物的邊緣透出來，空氣迅速變冷。我決定去找個房間過夜。斯特林建議我去城裡另一頭，位於德里亞茲街上的黑人基督教青年會（Negro YMCA）。

「你走之前最好喝點水，」他說，「到達德里亞茲街以前可能都找不到喝水的地方。」我把水桶拿起來灌，清澈的水底下有一圈圈的黃銅色污漬。

藍色的霧氣籠罩著法國區狹窄的街道。烘焙咖啡的強烈氣味遮蓋了其他味道。街道的香氣和景色讓我想起了我在法國求學的日子。就像圖爾（Tours）的舊城區，每天下午人們都在香料店裡烘豆。

我走到運河街上，這條街比較現代化，而且人潮擁擠。我故意在路上攔下許多白人，問他們德里亞茲街的方向，希望看到他們的反應。沒有例外地，他們總是彬彬有禮且樂於助

人。

在德里亞茲街上，白人變少了，我看到越來越多的黑人。一座教堂出現在我的右方，它的塔樓高聳，背後是座交通擁擠的橋。這是聖約翰浸信會天主教教堂，是紐奧良最古老的教堂之一。我登上台階，拉開沉重的門。門關上之後，街道上的喧囂聲立刻被阻隔於外。在深沉肅靜之中，焚香的淡淡香氣飄散入鼻。柔和、溫暖的陽光從教堂壯觀的彩色玻璃窗透了進來。在遠處，我看到一名黑人婦女正在製作耶穌受難像的朦朧身影。在寬廣的空間內，幾個男人在不同的地方跪拜著。奉獻在聖約瑟夫和聖母瑪利亞的雕像前的蠟燭微微燃燒著，散發紅色和藍色的光暈。我坐在長凳上休息，身體向前傾，額頭靠在前面的長凳上，雙手則放在大腿上。此刻，我的太太和孩子們可能正在家裡洗澡，平安在家，不受黃昏和寒冷的侵擾。我想到那間房子，燈火通明、歡樂滿屋，心想著他們晚飯吃什麼。或許，現在廚房的爐灶上正燉著一鍋湯。我睜開眼睛，低頭看著光滑無毛的雙手，看著每一個黑色的毛孔、每一條黑色的皺紋。相較之下，我的妻子和孩子在我心中的模樣是如此白皙。他們的臉龐、皮膚都如此白淨，彷彿是另一個世界的生命，與現在的我如此遙遠，讓我倍感孤獨。在一片寧靜中，玫瑰經念珠碰到長椅而發出巨響。我可以感覺到，從窗戶透進來的光變微弱了，燭光逐漸變得明亮起來。

想到如果基督教青年會沒有房間，我就必須在某家便宜的旅館過夜，這讓我很擔心。我考慮躲在教堂裡，睡在其中一張長椅上。這個想法是如此地吸引人，我不得不強迫自己放棄。我站起身來，走進黃昏的街頭，開了車燈的汽車飛馳而過。

基督教青年會已經客滿了，但是櫃檯的年輕人表示他們有清單，列有一些不錯的地方，可以讓人租用。他好心地主動說要打電話給其中幾家。等待期間，我就在基督教青年會的咖啡店喝咖啡。這間咖啡店裝潢很現代、很吸引人，由一名優雅且有禮的老人經營。櫃檯的年輕人來通知我，說他已經在青年會隔壁的私人住家中安排了一個房間。他向我保證那裡的環境很好，而且屋主是位很可靠的寡婦。

我提著行李到隔壁，見到了戴維斯夫人（Mrs. Davis），她是一名好心的中年婦人。她帶我上樓，到房子最後端的一間乾淨整潔、佈置舒適的房間。我們換了一盞比較亮的燈，好讓我可以在晚上工作。她說她還有另外一名房客，是一位很沉默的男士，他都在晚上工作，所以我可能永遠也不會碰到他。廚房就在我的房間旁邊，再過去就是浴室。我預付了三美元的費用，打開行李，然後再回到基督教青年會的咖啡店。原來這個咖啡店是城裡重要人物的聚會場所。在那邊，我遇到了更多受過教育且富裕的人，這些年長男人讓我加入他們的對話。我們圍坐在一個U形吧檯邊喝咖啡。討論內容完全聚焦在「那個問題」與即將到來的選舉。咖啡店老闆向我介紹了A．L．戴維斯牧師和他的同事蓋爾先生（Mr. Gayle），他是一位民間領袖與書店老闆，此外也介紹了一些其他人。

我那迷茫的感覺暫時消失了。

當被問到我的工作時，我告訴他們說我是個作家，在南方旅行調查人們的生活狀態。

「那麼，你覺得呢？」戴維斯牧師問道。

「我才剛剛開始旅行，」我說，「但是到目前為止，比我預期的好很多。很多白人對我都很有禮貌。」

「噢，我們有進步了，」他說，「但是我們必須做得更好。不過當然，紐奧良也比這個州的其他地方，或比南部任何地方，都更加開明。」

「為什麼會這樣呢？我很好奇。」我問道。

「嗯，一來是它更加都會化，而且這裡有大量的天主教徒。」他說，「白人可以對你以禮待之，又不必擔心會像其他地方那樣被說是『愛黑鬼』。」

「格里芬先生，那你覺得我們最大的問題是什麼？」蓋爾先生問。

「不夠團結。」

「就是這樣，」經營咖啡店的老人說，「除非我們作為一個種族能夠學會團結一致，否則我們終將一事無成。這就是我們的問題。我們沒有團結對外，只有彼此對抗。現在，把像你──格里芬先生──這樣的深色黑人和我放在一起，」他繼續說，「不論我們受過多少教育、多麼有道德，我們都是老湯姆叔叔（Uncle Tom）。[3]不行，你必須是個混血兒，你必須把頭髮拉直，全部梳平，看起來像個大情聖。如此一來黑人才會崇拜你，覺得你有**品味**。這豈不是很可憐的英雄形象嗎？」

「而且白人知道這一點。」戴維斯先生說。

「是的，」咖啡店老闆繼續說道，「他們就**利用**這樣的理解，來恭維我們當中的某些人，說我們不像其他黑人，說我們比他們更優越。我們也就這麼笨，竟然會相信，進而與自己人作對。怎麼會這樣？如果我們用討好白人、吸引他們讚美的一半氣力在我們自己人身上，我們早就能取得長足進步。」

一個英俊、成熟的男人走進來，被介紹說他是J．P．吉洛里（J. P. Guillory），是一名保險經紀人。當咖啡館準備打烊時，其他人都走了，吉洛里先生告訴我說他經常來青年會這

3 編注：「湯姆叔叔」一詞出自十九世紀美國作家海莉耶．碧綺兒．史托（Harriet Beecher Stowe）的經典小說《湯姆叔叔的小屋》（*Uncle Tom's Cabin*）。書中的湯姆叔叔是名順從且忠心的黑奴，無論白人奴隸主百般虐待，他都逆來順受。日後，湯姆叔叔便被用來指稱那些對白人卑躬屈膝的黑人。

邊下西洋棋。他問我有沒有興趣玩上一盤，但是我告訴他我有工作要做。

「格里芬先生，你的名字聽起來有點熟悉，」他說，「我很愛讀書，我一定讀過你的作品。你寫的書，書名有哪些？」

我告訴他書名。他臉色一變，驚訝不已。

「欸，我才剛開始讀那本書。我的律師朋友借我的。」他說。他盯著我看，我很確定，他若非以為我是個大騙子，竟宣稱自己是這本白人著作的作者，就是想說我在跟他坦白什麼事。

「我保證那是我寫的。」我說，「我不能再跟你透露更多，但讀讀那本書，還有去年九月在《讀者文摘》上的文章，你就會知道我的真實身分。」

我回到自己的房間寫日記。我的房東太太點燃爐火，還幫我帶來一壺開水放在床頭櫃上。我正抬頭要謝謝她，就看到衣櫃大鏡子裡的景象：一名黑人老頭抬起頭來與黑人婦人交談，光線從他頭頂反射發亮。那股震驚感又回來了；彷彿我在房間裡是隱形的，正觀察著我沒有參與的一幕。

我打了個瞌睡，然後電話把我吵醒了。我聽了一次又一次的鈴聲，才意識到不是找我的。世界上沒有人知道我在哪裡。最後總算有人接起來了。

我聽到喧鬧聲和笑聲。我在黑暗中起身，走到窗戶邊，望出去是青年會健身房的窗戶。兩支黑人球隊正在打棒球，底下觀眾的噓聲和為喜愛的隊伍喝采的歡呼聲此起彼落。我坐在窗前看著他們，直到飢腸轆轆。

我經過廚房要出去吃飯，注意到裡面的時鐘顯示是七點半。我走到南拉姆帕特街想找一家餐館。當我拐過街角時，注意到兩名身形高大的白人男孩，攤坐在大街對面房子門前的台階上。其中一個身材比較粗壯、肌肉結實，穿著卡其褲和白色運動衫，對我吹口哨。我不理他，繼續往前走。從眼角餘光，我看到他慢慢站起來，在路燈下斜行橫越馬路，朝我這邊走來。

「喂，光頭佬。」他輕聲叫道。

我加快腳步，眼看前方。

「嘿，無毛先生，」他叫道。我感覺到他大概在我身後二十多公尺遠處。他的發言很隨興，語調愉快。在寂寥的街道上，他的聲音無比清晰。

「我一定會抓住你，無毛先生。我就在你後面。你去哪裡我都找得到，即使花一整個晚上，我也都會找到你——等著瞧吧。」

我感到極度恐懼。我走得更快，極力控制自己不要用跑的。他年輕力壯，如果我開始跑，他一定可以輕易地追上我。

他的聲音再次從差不多距離的遠處傳來，輕聲而冷酷。「白痴，你絕對不可能逃離我的手掌心，你乾脆就停在那裡吧。」

我沒有回答，也沒有轉身。他像貓一樣跟蹤我。

偶爾有汽車經過。我祈禱有警車會選擇走這條街。我注意到當我的腳步放慢時，他也放慢；當我加速，他就跟上來。我努力尋找任何一扇敞開的門、有燈光的地方。商店都關門了。只有人行道沿著一盞盞路燈向前延伸，地面上的縫隙處長滿雜草。

然後，我終於大鬆一口氣，我看到一對老夫婦在轉角處等公車。我走近他們，他們顯得十分戒備。這個城區在晚上並不安全。

我回頭看到男孩在半條街之遠停了下來，靠在牆上。

我對老夫妻說：「我遇到麻煩了。」

他們不理我。

「拜託了，」我說，「有人在追我。我不知道他要什麼，但他說他一定會逮到我。請問這附近有哪裡可以讓我報警嗎？」

老先生環顧四周。「誰在追你，先生？」他煩躁地問。

「後面那個男孩……」我轉身，手指著空蕩蕩的街道。那男孩不見了。

他不以為然地咕噥著，彷彿以為我喝醉了。

我等了一會兒，想著我是否要搭公車。然後，我確信剛剛發生的事只是個惡作劇，便沿著小巷朝著燈光明亮的德里亞茲街走去，我知道在那裡我會很安全。

我走了大概半個街區，又聽到他的聲音。

「嘿蠢蛋，」他悄聲說道。

我嚐到了恐懼和絕望的味道，就像有鹽巴在我嘴裡一樣，令人酸澀難忍。

「老爹，你就在那邊地方停下來吧。」

我們繼續默默地走著，他的腳步又再跟上我的。「就停在那裡。這條街上已經沒有好人可以讓你躲藏了，光頭佬。」

我拚命想找到一些脫身的方法，但都想不到。他的追趕有如惡夢，彷彿將置我於死地，這種感覺比追趕本身更讓我害怕。我想到了我的家人。萬一他打我的頭——或更糟的話，該怎麼辦？他聽起來像魔鬼。有一瞬間，我開始幻想警官會有的表情，當他看著我的黑色身軀，檢查我的身分證件：

約翰·霍華德·格里芬
德克薩斯州曼斯菲爾德市
性別：男
身高：一百八十六公分
體重：八十八公斤
髮色：棕色
種族：白人

他會不會以為我只是從某個白人那裡偷了證件？

「老爹，我明明叫你停下來，你怎麼一直走？」

我知道除非我虛張聲勢，否則我永遠無法擺脫這個惡霸。我在很久以前曾接受過柔道訓練。或許，如果我夠幸運、能先發制人，我可能有機會。在昏暗燈光中我看到一條小巷，我發出一聲低吼。

「你來吧，小子。」我頭也不回地說道。

「你跟著我，小子。我要拐進那條小巷子裡了。」

我們繼續走著。

「沒錯，小子，」我說，「我就是要你這樣做。」

我走到小巷口。「我要進去了，小子。你跟著我。」

「我不吃你這套，老爹。」

「跟著我，小子，因為我現在最想餵你一記鐵拳，塞進你那張大嘴巴裡。」我幾乎是用喊的講出最後幾個字。

我走進小巷，背靠在牆上，嚇得要死。四周全是垃圾和尿液的惡臭味。我抬起頭，看到在夜裡顯得漆黑的建築物之上，星星在清澈的天空中閃耀。我聽著他的腳步聲，如果他接受我的挑戰的話，就準備出擊。

「為我帶來好運，聖猶達（St. Jude），」我聽到自己低聲說，「把這雜種趕走吧。」我心想這個禱告是從哪兒突然冒出來的。

感覺過了一段很長的時間，我將頭伸出巷口張望，看往街上。空蕩蕩的街道只見一直延伸到盡頭的路燈。

我趕緊趕路到德里亞茲街，一路走到下午參觀的天主教堂門口。那裡光線充足，我坐在台階最下方，將頭埋在交叉的雙臂之中，等著自己冷靜下來。塔上的大鐘緩緩地敲了八下，代表八點了。我聽著金屬敲擊聲掠過了一片片屋頂，傳遍整個街區。

頓時，「黑鬼」一詞有如應和了鐘聲，在我的腦海中一次又一次地重複：

喂，黑鬼，你不能進去。

喂，黑鬼，你不能在這裡喝酒。

我們不服務黑鬼。

再來，是那個小子的話：**無毛先生**、**光頭佬**、**蠢蛋**。（如果我是白人，這樣的事也會發生嗎？）

然後是醫生在我昨天離開他的辦公室時說的話：**從現在起，你將進入遭人遺忘之境**。

今晚，我坐在教堂的階梯上，心想他是否知道他說的話是多麼真實，被遺忘的感覺是多麼糟糕透頂。

一輛警車駛過，減慢了速度。警官的蒼白臉龐盯著我看。我們彼此凝視，然後車子向右轉，經過教堂後面破爛不堪的教區住宅後消失無蹤。我確信警察一定會繞一圈回來檢查我。我突然意識到我屁股下的水泥有多硬。我再也坐不住了。我起身，匆匆趕到下一個街區的黑人小餐館。

我走進門，有位黑人婦人大聲喊道：「親愛的，我們只剩下豆子和米飯啦。」

「沒關係。給我一大盤。」我說，沒入椅子裡。

「喝點啤酒怎麼樣？」

「不用……你有牛奶嗎？」

「你不喜歡啤酒嗎，親愛的？」

「我喜歡，但我有糖尿病。」

「噢……那麼，我還有幾條豬尾巴。要不要我把它們和豆子放在一起？」

「麻煩你了。」

她把一盤食物放在我的桌子上，並給了我牛奶。儘管這裡的黑人主要都是吃豆子和米飯，但一點都不馬虎，既美味又營養。我嚐嚐豬尾巴，但它跟雞脖子很像，大多是骨頭，沒什麼肉。

稍晚回到住處，我更衣準備上床睡覺。隔壁的青年會傳來比賽仍在繼續進行的喧鬧聲。儘管大房子很安靜，我還是聽到了另一側戴維斯太太房間的電視聲。

白人似乎離我很遙遠了，遠在城市中另一個屬於他們的國度。他們和我之間的距離，遠遠超過了身體之間的實際距離。這是一個未知的領域。我心想，這樣的距離真的可以被縮小嗎？

十一月十日至十二日

這兩天我不停地走路，主要是找工作。我想了解受過良好教育、穿著合宜的黑人能找到什麼樣的工作。我沒有遭到拒絕，只有被他們溫和地告知說不能錄用我來做些打字、記帳之類的勞務。

這變成了固定的模式：每天在擦鞋攤上，我們服務固定類型的客戶；每天我們都做飯，並在人行道上吃；每天我們都餵乞丐和鴿子。

寡婦連續兩天都到訪。我溫和地讓她知道我已婚。斯特林說她問了關於我的事，提議邀請我週日去她家吃晚餐。我待在擦鞋攤的時間越來越少。

身處在黑人當中，我被無微不至地對待，即便是陌生人也都對我彬彬有禮。

有一天晚上，我決定去一家黑人電影院。我走到德里亞茲街，向一名年輕人問路。

「如果你能等一下，我可以帶你過去。」他說。

我站在街角，沒多久他就回來了。

我們一起步行前進。他是迪拉德大學（Dillard University）的大一學生，日後想成為一名社會學家，「為自己人做點事」。我們的路程似乎遙無止境。我們肯定走了超過三公里，然後我問他：「你是住在這個方向嗎？」

「不，我住在你剛剛看到我的地方。」

「這樣不就讓你往反方向走了。」

「沒關係。我很享受和你談話。」

我們抵達電影院，他問道：「你找得到回去的路嗎？」

「喔，可以……我沒問題。」

「如果你不確定，我可以查一下，看電影幾點結束，再回來接你。」

我感到十分震驚，他竟然願意如此殷情地陪一個陌生人走這麼遠的路。我遂提議也給他買電影票，然後我們就可以一起走回去。

「不用了，謝謝。我還有功課要做。但我很樂意回來接你。」

「我怎麼能這麼要求。至少讓我付些錢。你幫了很大的忙。」

他拒絕收下我的錢。

隔天早上，我到隔壁青年會的咖啡店吃早餐，有玉米粥和蛋。經營咖啡店的那位老先生一下子就跟我聊了起來（其實都是我聽他說）。他認為我們的種族展開了新篇章，已經取得了長足進步，但仍然有更大的進步空間。我告訴他找工作不順遂的情形，他說這都是經濟模式的一部分——經濟上的不公平。

「你看年輕的白人男孩。實質的誘因驅使他讀大學、完成學位。他知道畢業後從事任何一行都能賺到錢。但是黑人呢？在南方的黑人可以嗎？不行。我看到很多黑人孩子在大學的成績很出色。但是暑假回家打工掙點錢時，他們必須做最艱苦的體力活。即使畢業了，等待著他們的也是艱辛漫長的路途。大多數人從事郵務工作、傳教或教書。**這還是最頂尖的**。那其他人呢，格里芬先生？他們知道，無論多麼努力，都永遠無法**搞定**生活……稅金和物價總是超過他的收入。他不知道自己如何能娶妻生子。經濟結構就不允許。除非他準備過貧窮的生活，並讓太太也出去工作。這就是結構的一部分。我們的同胞沒有接受教育，不是因為負擔不起，就是因為他們知道即使接受教育，未來也沒辦法像白人那樣工作。從一開始，任何形式的家庭生活、任何基本的生活水準都看似遙不可及。所以很多人在沒有了解根本原因的情況下就放棄了。他們可以拿什麼就拿，特別是享樂。他們為所欲為、放蕩不羈——畢竟就算他們死於車禍、械鬥或其他一樣愚蠢的事，又有什麼好失去的呢？」

「是的，就是這些事情讓白人覺得我們不配擁有一等公民的權利。」

「唉……」他沮喪地兩手用力一攤，「不是嗎？他們讓我們無法賺錢，我們收入不多，自然也付不出更多稅。然後他們又說，因他們繳交最多稅金，所以他們有權擁有想要的事物。格里芬先生，這就是惡性循環，而我不知道我們該怎麼脫離。他們把我們壓倒在地，然後怪我們不長進，還說我們這麼低劣，就不配得到種種權利。」

其他人走了進來，點了早餐，加入我們的對話。

「只有公平的就業機會，」蓋爾先生說，「才能解決我們許多年輕人遇到的悲劇。」

「我們需要什麼？」我問道，「什麼樣的智慧可以制止種族主義者和仇恨團體的龐大宣傳？人們會讀這些毒藥，這些毒藥往往是以仁慈的語氣，甚至是以友善的語氣呈現。許多人真心以為黑人，由於自身的黑人特質，無法在工作表現上達到白人的標準。最近我讀到一篇文章，其中一位作者提到，教育和工作機會平等對我們來說，將會是更大的悲劇。他說，這會很快向我們自己證明說，我們真的無法與白人平起平坐——我們看到自己的真實樣貌，因而幻想破滅，因為實際上，我們是劣等的。」

「我希望那些善良的靈魂不要這麼呵護我們。我知道很多人甘願冒險讓『幻想破滅』。」老闆笑道。

「他們落後時代大概五十年，」另一位長者說道，「社會學家已經證明這是錯的。我們自己的人已經在各個領域證明了自己的價值——不僅是少數人，而是好幾千人。種族主義者如何否認這些證據？」

「他們根本懶得把事情搞清楚。」蓋爾先生平淡地說。

「我們需要道德觀念上的改變，」這位長者說，「不僅是表面，而是深刻改變，而且兩個種族都要改變。我們需要一位偉大的聖人——還有一些啟發人心的道理。否則壓力團體——那些種族主義者、超級愛國主義者，無論你想怎麼稱呼——總是把我們落實種族正義的行動稱之為是要推翻基督教文明的陰謀，是受到共產主義、猶太復國主義、光明會，或撒旦的啟發，而我們卻無法提出適當的回應。」

「所以如果你是一個虔誠的基督徒，你就不能支持種族正義。聽起來真有道理。」蓋爾先生說。

「這就是他們的主張啊。從我們付稅，擁有一份好工作、一間令人滿意的房子、優質教育，他們因此賦予我們投票權的那一刻起，就是邁向『種族融合』的第一步，而這就是巨大陰謀的一部分，蓄意破壞文明、毀掉美國。」長者說道。

「因此，你如果是一名優秀的美國人，你就要落實不良的美國主義。這也有他的道理，」蓋爾先生嘆了口氣說，「或許真的要一名聖人出現，才能整頓這一切混亂。」

「我們已經來到一個很悲哀的境地，人們開始擔心做正確良善的事會助長共產主義的陰謀，」老闆說，「我敢肯定，很多人都因為這點而卻步。」

「無論怎麼看，我們都被夾在中間。」這位長者歸結道，「我真的很難理解，讓我有一份像樣的工作，好讓我可以在更好的家庭環境撫養我的孩子，並為他們提供更好的教育，這怎麼會幫助我們國家的敵人？」

我沿著德里亞茲街穿過貧民窟時，我意識到每個我交談過的有見識的人，在全是黑人的場合，都會無所顧忌地承認黑人有雙重問題。一是人們對黑人的歧視。其次，而且更加嚴重的，則是黑人對自己的歧視。黑人自己鄙視黑人特質，將黑人特質與其所經歷的苦難連結在一起；他寧可去重傷自己黑人同胞，因為他們也屬於黑人特質的一部分，而黑人特質讓他受盡苦楚。

「想要點什麼，先生？」一位做生意的白人在我經過時向我說。我瞥了他一眼，他坐在他那破爛的店門口。「進來啊。」他甜甜地哄著我，世人聽起來彷彿他是在為展示的鞋子拉客。

我才不過走了三公尺之遠，就又聽到他用一樣的語氣向別人兜售。「想要點什麼嗎，先生？」

「想啊，可是我不想和你打交道。」身後的男人不冷不熱地回答。

在法國區的沙特爾街（Chartres Street）上，我前往布倫南餐廳（Brennan's），它是紐奧良的著名餐廳。在那片刻，我忘了自己的身分，停下來端看張貼在櫥窗中的精美菜單。我讀著讀著，意識到幾天前我還可以進去點菜單上任何一樣餐點。而現在，儘管一樣是我這個人，有著一樣的胃口，對美食有一樣的品味，甚至是一樣的消費能力，但世上沒有任何人可以幫我進到這個地方用餐。我回想起有些黑人說的：「你可以在這裡住上一輩子，但除非你當廚房伙計，否則你永遠都無法進入這些高級的餐廳。」黑人常常夢見那些與他只有一扇門之隔的事物，因為他知道自己永遠無從體驗。

我仔細讀了菜單，卻忘記黑人不會這樣做。這太令人不快了，就像小男孩注視著糖果店的櫥窗。這可能會影響到遊客。

我抬頭，準備面對他人皺著眉頭的否定，那種不需要言語就可以如此清楚道出心聲的表情。黑人很快就掌握了這種無聲的語言。從白人否定的表情和不耐煩的舉止，他就知道他被告知要離開，因為他「行為越線」。

絕。

這一整天，我就是再三詢問工作機會，不斷給人親切的微笑，然後再被優雅而果斷地拒最後，我放棄了，回到擦鞋攤。我打算等到黃昏時再返回德里亞茲街。但我先前走太多路，腿沒力了。在傑克遜廣場公園裡，我找到了一座彎彎的長椅，決定坐下來休息一會兒。公園看起來空無一人。透過灌木叢，有人的動靜引起我的注意。我看到公園另一頭有個中年白人；他慢慢地將他正在讀的報紙折起來，起身朝我走來。他菸斗菸草的香氣率先飄了過來，讓我感到安心。我心想，種族主義者一般都沒有在抽菸斗。

他非常有禮地說：「請你最好找個別的地方休息。」

我看作這是他的一番好意。他在警告我，好讓我在遭到別人侮辱以前，就可以先脫身。

「謝謝你，」我說，「我不知道我們不被允許進來這裡。」

後來，我在青年會旅館講了這個故事，才知道黑人是有權坐在傑克遜廣場公園的，只是那個人純粹不想要我在那裡。

不過當時我一無所知。我疲憊不堪地離開，想說黑人到底可以坐在哪裡休息。我似乎只能不斷地走，直到有公車搭。作為黑人，你不能停下腳步，除非你有要去哪裡辦事情。如果你停下來坐在路邊，警車會經過，可能會問你在做什麼。我沒有聽到任何黑人提到警察故意找麻煩，但他們警告我，只要警察看到黑人在閒晃，尤其是沒看過的黑人，警察一定會上前盤查。這樣的事令人擔憂，任何黑人絕對都想避免。

我走到克萊伯恩大道（Claiborne Avenue），趕上了第一輛駛過我眼前的公車，然後在迪拉德大學美麗的校園下了車。但是我太累了，無法逛校園，只能坐在長椅上，等著轉車進城。搭公車不貴，也是休息的好方法。

當我終於搭上進城的公車時，天都快黑了。距離運河街還有兩個街區，公車左轉，駛離克萊伯恩大道。我按鈴要在這站下車。司機停下來，打開門。他把門開著直到我走到門邊，正準備好下車時，車門卻砰地一聲在我面前關上。由於司機必須停在原地直到車流清空，我遂請他讓我下車。

「我不能一直把門開著。」他不耐煩地說道。

他又停在那等了整整一分鐘，但拒絕打開門。

「那麼可否請你讓我在下一個街角下車呢？」我問他，並控制住自己的脾氣，小心不要做出或說出任何對這個地區的黑人不利的言辭或舉動。

他沒有回答。我回到座位上。同車的一個女人帶著同情、一臉憤怒地看著我，好像她極度反對這樣的對待方式。但她沒有說話。

我在每個停靠站都按鈴，但司機就是繼續駛過接下來的兩個站牌。距離我原本要下車的地方，司機又整整開了八個街區才停下車，而且是因為一些白人乘客要下車。我跟著他們走到車頭。他看著我，一隻手放在能把門關上的操縱桿上。

「我現在可以下車了嗎？」其他人都下車了，我平靜地問道。

「好，下去吧。」他終於這麼說，好像已經厭倦了這個貓捉老鼠的遊戲。我下車，感到很不舒服，心想著我如何能走完那八個街區，回到原本該下車的站牌。

我必須補充一點，持平地說，這是我在紐奧良市公車上唯一一次被蓄意殘酷對待的經驗。我當然很生氣，但我知道他的這番侮辱並不是針對我本人，而是針對我黑色的肉體，我的膚色。這是某個人的個人行為，而且絕非常見之事。

直搗核心

十一月十四日
密西西比州

經過疲憊不堪、不斷遭到拒絕的一週後，新鮮感逐漸消退。我對這裡最初的印象大致正面，覺得一切沒有想像中那麼糟糕，主要是因為紐奧良的白人對黑人很有禮貌。但就僅止於此。再多的禮貌也掩飾不了一種關鍵且極普遍的失禮態度：黑人被視為十等公民，甚至連二等公民都不配。黑人每天的日常生活在在提醒著他的次等地位，而且他並沒有因此變得對這些事情無感——尋求更好工作卻被禮貌性地拒絕；聽到自己被叫黑鬼、黑仔（coon）、老黑（jigaboo）；明明有可用的洗手間或餐廳，卻必須繞道去找黑人專用的設施。每一次的提醒都打在痛處，加深傷口。我談的不僅是我個人的感受，也根據我觀察到發生在別人身上的事情以及他們的反應。

黑人在徹底絕望中的唯一救贖來自他的信念，一種祖先流傳下來的古老信念，相信這些事情不是針對他個人，而是針對他的種族、他的膚色。他的母親、阿姨或老師在很久以前就為他做好了充分準備，向他解釋說，雖然當了黑人，就無法有尊嚴地生活，但作為一個人還是可以有的。「他們之所以那樣對你，並非因為你是喬尼或是誰。他們根本就不認識你。他們針對的，是你的黑人特質。」

可是在被拒絕的當下，即使拒絕非關個人，譬如要憋著尿直到找到寫著「有色人種」的標示，黑人也無法將一切合理化。他會親身感受到、會被灼傷。這樣的經驗讓黑人產生一種白人永遠無法理解的觀點——如果黑人是黑人群體的一分子，那白人則永遠是獨立的個體。白人會真誠地否認自己像「那樣」，說自己總是試圖對黑人公平而友善。這樣的人發現黑人懷疑他們時，總是會很生氣，卻從未意識到黑人其實無法理解，如果白人作為單獨的個體時，對有色人種是如此善良「友好」，為何白人作為群體時卻可以縱容營造出這樣的社會，打擊黑人的個人價值，貶低黑人的人格尊嚴，摧毀他們生命的活力。

生存變成了一項艱鉅的任務，靠的是飢餓的生理機制，以及一種迫切的心理需求，需要將注意力從骯髒悲慘的當下轉移到快樂的事情上，讓自己迷失在性、酒精、毒品、參加邪教、暴飲暴食，或者虛偽矛盾當中。此外在某些情況下，他們也會讓自己迷失在音樂、藝術、文學等更高層次的享樂中，儘管這些通常會讓人感覺更悲慘，而不是讓人對現況麻痺，而且有時甚至讓人難以忍受。因為這些事物呈現出一個有序、理智、紀律到恰到好處的世界。而這個世界與他們所屬世界的反差，加劇了他們的痛苦。

那天早上我出去時，黑人鄰居的臉上滿是沮喪和憤慨。

在擦鞋攤，斯特林沒有如以往般親切地打招呼。他的眼神看上去比平常更疲憊。

「你聽說了嗎？」他問。

「沒有，我什麼都沒聽說……」

於是他告訴我，密西西比州的陪審團拒絕起訴派克私刑案（The Parker Lynch Case）的犯案者。[4]這個消息像是一陣看得見的酸楚席捲了整個城區。每個人都在談論。一九三九年《德蘇互不侵犯條約》簽署，當時我人剛好在歐洲。自那以來，我再也沒遇過什麼新聞足以散播這般痛苦和絕望，直到今天才又再經歷。

斯特林把今天早上的黑人報紙《路易斯安那週報》（*The Louisiana Weekly*）拿給我，報紙的社論頁譴責了陪審團的決定：

如果對「南方司法」在密西西比州的運作方式有任何疑問，當珍珠河郡大陪審團未能提出公訴，甚至完全忽視聯邦調查局針對馬克．帕克（Mack Charles Parker）遭到綁架、私刑、終至謀殺一案所提供的眾多資料時，這些疑問就不攻自破了……密西西比州再度公然藐視無罪推定的法理。事實顯示，被告被剝奪公平審判的機會，並在密西西比州的監獄遭到暴徒綁架，施以私刑並慘遭殺害，但這一切竟然沒有對大陪審團的判斷產生任何影響。這樣的處理只是默許暴民，讓暴民將法律玩弄於股掌之上。長久以來，密西西比州未能加以懲處那些被指控對黑人實施犯罪行為的白人，此事眾所周知。這是密西西比州的獨特之處，以民主程序讓黑人感到「快樂和滿足」，並向世人展現密西西比是這般地在乎黑人作為美國公民所享有的權利。

最令人沮喪的是，聯邦調查局明明提供了足以指證私刑者的相關證據，珍珠河郡的大陪審團卻決定不對其展開調查。

我把報紙還給斯特林。斯特林舉起報紙、拿得遠遠的，以極度憤怒的語氣讀道：「密西西比州公然藐視法律和秩序，已經讓該州成為名副其實的恐怖主義叢林，充滿威脅與殘暴，只剩適者生存的法則。此外，它也讓美國在世人眼中蒙羞。南方白人至上的暴民統治已經取代了民主，導致種族關係極度惡化、緊繃、一觸即發，而這件事更加深了南方的恥辱……」

4 編注：帕克案被視為民權運動時代最重要的其中一起私刑案。一九五九年二月二十三日，當時年僅二十三歲的馬克·查爾斯·帕克在密西西比州珍珠河郡（Pearl River County）遭人指控強姦一名懷孕的白人婦女而被捕入獄。同年四月二十五日，在帕克接受審判前三天，一群暴徒闖入監獄、綁架帕克。在遭到毆打並被人朝胸口開了兩槍之後，帕克的屍首被丟入珍珠河，直到十天後才被人發現。

他放下報紙。「這就是讓我最生氣的地方。他們沒完沒了地抱怨說全國各地如何反對南方白人——見鬼了，他們能做什麼？你看，這就證明了一切。這就是我們所期待的白人司法。當白人陪審團根本**看也不看**暴徒施以私刑的證據時，還有什麼希望可言？」

我無話可說。

「我們乾脆學著不要對南方司法抱持**任何期待**。每次他們都暗中做手腳，陷害我們。」斯特林說。

黑人社群以外的局外人無法想像，帕克案對於扼殺黑人的希望、破壞黑人的士氣產生了深遠的影響。

我決定是時候要進到這個讓黑人極端懼怕的州了。

喬帶著花生回來。我告訴他們我要前進密西西比州的決定。

聽到這個消息，他們幾乎是氣急敗壞地說：「你去那裡幹嘛？」喬表示反對，「那邊容不下有色人種，尤其是現在正逢帕克案的爛攤子。」

「他們會像對待狗一樣對待每個黑人，」斯特林說，「你真的最好別去。」

「這是我工作的一部分。」

「我告訴你，」喬堅持說，「我知道。我去過那裡一次，而我當時只恨沒有及早離開。

而且那時候的情況還沒有像現在這麼糟糕。」

「是的，但是密西西比州告訴世人說他們和黑人的關係非常美好——說白人和黑人彼此了解而且彼此喜愛，說局外人根本不了解。好，那我就要去那裡，看看我是否能理解。」

「是你個人的屁事，」喬說，「但我真的很不想看到你這麼做。」

「你會找時間回來看看我們，會吧？」斯特林說。

「當然。」我說，然後就離開了，道別得有些笨拙。

我的現金快用光了，所以我決定在離開前兌現一些旅行支票。此時已過了週六中午，銀行已經關門了。但我想若到一些比較大型的商店兌換支票應該不成問題，特別是德里亞茲街上那些我有去買過東西的店。他們認識我這個客人。

我搭公車到德里亞茲街，順著街道走，來到我最常來購物的折扣商店。年輕的白人女孩走過來接待我。

「我需要兌現旅行支票。」我微笑著說。

「我們沒有在兌現任何形式的支票。」她堅定地說。

「妳看，妳認識我。妳曾經服務過我。我需要點錢。」

「你應該要去銀行的。」

「銀行已經關門，我才發覺需要錢。」我說。

我知道我讓她不堪其擾，但我簡直不敢相信這位年輕漂亮的小姐竟是如此無情，她發現我不是進來買東西的時候，竟可以表現得如此傲慢。

「我很樂意買幾樣東西。」我說。

於是她打了通電話給位於開放夾層樓面的會計部門，「喂，我們有在兌換旅行支——」

「沒有！」白人女人大聲喊回來。

「謝謝妳的好意。」我說著，走了出去。

我沿著德里亞茲街和拉姆帕特街，進到一家又一家的店詢問。每家商店店員一發現我不是要買東西而是要兌現支票時，他們的笑容就垮了下來。我可以理解這種變化——這不是拒絕，而是態度惡劣。我開始感到絕望與不滿。如果是白人，他們會毫不猶豫地幫忙兌換旅行支票。每次他們拒絕我，都清楚地暗示說我可能是用不正當的方法獲得了這些支票，而他們不希望與這些支票或與我有任何牽連。

最後，我放棄希望，在沒有錢的情況下決定留在紐奧良，直到星期一銀行開門。我遂往城區走。商店櫥窗上的小小金色字體引起了我的注意：天主書店。根據我對天主教看待種族主義立場的理解，我懷疑這家店是否會願意兌現黑人的支票。帶著些許遲疑，我開門進到店裡，並做好會失望的心理準備。

「你能幫我兌現這張二十美元的旅行支票嗎？」我問老闆娘。

「當然。」她毫不猶豫地說，好像這是再尋常不過的事。她甚至沒有端詳我。

我非常感激，甚至還買了許多平裝書，包括雅克・馬里旦（Jacques Maritain）、湯瑪斯・阿奎那（St. Thomas Aquinas）和克里斯多福・道森（Christopher Dawson）的作品。我把這些書塞進夾克裡，匆匆趕往灰狗巴士站。

在車站大廳，我尋找著有色人種專用的等候室，但找不到。我走到售票處，女售票員看到我時，一張迷人的臉蛋頓時變得非常難看。她那如此出乎意料且毫無來由的惱怒，讓我不禁有些退縮。

「你要幹嘛？」她很生氣地說。

我注意自己說話的語調，盡量保持禮貌，然後問她前往哈蒂斯堡（Hattiesburg）的下一班巴士。

她很粗魯地回答，以憎惡的眼神瞪著我。我知道那就是黑人所說的「仇恨凝視」（the hate stare）。這是我的初體驗，和我過去偶爾會看到的那種否定的眼神大不相同。要不是因為我過分驚訝，面對這種極度憎恨的誇張表情，我很可能會被逗樂。

我在腦海中琢磨著這樣的話：「對不起，但我有做什麼得罪妳的事情嗎？」但我意識到我什麼也沒做，只是我的膚色惹怒了她。

「請給我一張去哈蒂斯堡的單程票。」我說，並在櫃檯上放了一張十美元的鈔票。

「這麼一張大鈔，我無法找零。」她唐突地回答並轉身離開，好像已經大功告成。我依舊守在窗口，感到被莫名地拋棄了，卻不知道該如何是好。過了一會兒她又走回來，漲紅了臉大聲喊道：「我**已經說過**了，我沒辦法找這麼多錢。」

「當然可以，」我硬著頭皮說，「像灰狗巴士這麼大的公司，一定有某種方法可以替十美元的鈔票找零。也許經理——」

她從我手裡猛然地抽走鈔票，然後掉頭離開窗口。過了一會兒，她再次出現，憤怒地把給我的找零和車票丟在櫃檯上，而且由於用力過猛，大半零錢都掉到我的腳邊。她看著我的每個表情都帶有深深的怒氣，讓我目瞪口呆。她的舉止是如此狠毒，不禁讓我替她感到難過。我的表情一定出賣了我，因為她的臉漲得更紅。竟有黑人敢為她感到難過，她一定覺得這個黑人也太過囂張了。

我彎腰從地板上撿起零錢和車票。我心想，如果她知道，她用這麼不淑女的方式對待的黑人其實是一名白人，她會作何感想。

離巴士出發還有將近一個小時，我準備去找個可以坐下來的地方。寬敞而氣派的候車室幾乎是空的，沒有其他黑人在這。不過如果沒有看到其他黑人坐下來，我也不敢找位子坐。

再一次地，又一道仇恨目光如磁鐵般吸引了我的注意力。它來自一名中年、身材魁梧、衣冠楚楚的白人男性。他坐在幾公尺遠的地方，眼睛盯著我看。我難以描述這種惡狠狠的威脅。這種無所保留的仇恨會讓你感到迷惘、噁心，並不是因為它威脅到你，而是因為它展現出一個人如此沒有人性的一面。你會看到一種瘋狂、如此傷風敗俗，它下流的本質（而非它的恫嚇）讓你感到恐懼。我未曾體驗過這種感覺，讓我無法把目光從男人的臉上移開。我很想跟他說：「奉上帝之名，你看看你對自己做了什麼。」

一名在車站負責搬運行李的黑人服務員朝我走來。我看到他的白外套而轉向他。他的目光迎上了我的，傳達出那種悲傷、那份理解。

「我應該去哪裡等車？」我問他。

他輕觸我的手臂，沒有說話，但讓人放心，好似他會與我共度難關。「從這裡出去，過了轉角，就是候車室了。」

那個白人繼續瞪著我看，嘴角因厭惡而扭曲，轉過頭來看著我離開。

在有色人種的等候室，我坐在最後一個空位上。等候室並未特別標示為有色人種專用，只寫著「有色人種餐飲部」，這可能是由於州際旅行規定的緣故。這裡擠滿了憂愁的面孔、對一切喪失熱情的面孔、等待著什麼的面孔。

我從天主教書店買的書沉甸甸地在我的口袋裡。我抽出其中一本，也不看書名為何，就攤開並擱置在大腿上閱讀起來。我讀到：

……只有抱持正義，我們才能真正地衡量一個人的價值……一個人若不正義，他就不足以稱之為人。柏拉圖如是說。

我曾聽過另一種講法，是一句格言：**不義之人不可稱之為人**。

我把這段話抄在小小的口袋筆記本裡。一名黑人婦女，面無表情，只是流著汗，看著我寫字。當我轉身將筆記本放進褲子後面的口袋中時，我發現她的嘴角露出了微微的笑意。

他們把巴士叫過來。我們魚貫而出，走到挑高的車庫，排成一列。黑人站在後面，白人排在前面。巴士的引擎空轉著，讓空氣中充滿了令人窒息的廢氣味。一名軍官急忙地排到白人隊伍的末端。我退後一步讓他排在前面。他拒絕了，並走到了黑人隊伍的末端。每個黑人都伸長了脖子，觀望事情的發生。我知道穿制服的人，特別是軍官，很少會墮落到表現出歧視，或許是因為軍隊中已經黑白混合了吧。

我們汗流浹背，原本我都準備好離開等待下班巴士，但後來我被允許上車。雖然州際巴士名義上不允許種族隔離，但前往密西西比州的車上，沒有哪個黑人會蠢到嘗試坐在後排以外的任何位置。我在距離最後排不遠處的位置上坐了下來。周圍許多人在低聲對話。

「好啦，我們要進到密西西比了。大家都宣稱說密西西比是聯邦各州中扯最多謊的州。」我背後的一個人說。

「這也是事實，」另一個人說，「不過，也就只有密西西比州謊話連篇。」

我們在陰暗的天空下駛過紐奧良。車上的空調讓我們感到舒適。過橋時，龐恰特雷恩湖（Lake Pontchartrain）的湖水映照著天空的灰色調，點綴著被風吹起的白浪。

巴士在鎮郊停下來，來接更多的乘客上車。其中有一個醒目的黑人男子，身材高大修長，穿著高雅，是「情聖」型的。他留著小鬍子，下巴的山羊鬍經過精心修剪。他往車尾走，給了白人一個諂媚、近乎親暱的表情。而當他走到後方，掃視其他黑人乘客時，表情瞬間扭曲成訕笑。

他側身坐在我走道另一邊的空位上，開始對著他身後的兩兄弟長篇大論了起來。「這個地方臭死了。一大堆該死、骯髒的黑人混混。看看他們，根本不懂得打扮，不值得享受任何更好的事物。*Mein Kampf*（我的奮鬥）！你會說德語嗎？不會。你如此無知，讓我作嘔。」

他開始惡毒地責怪自己的同胞。他說著片段的法文、西班牙文和日文。

我轉頭朝向窗戶，我們行經的地方陽光和煦，我看著鄉下的景色飛快掠過。我不想參與任何和這個陌生人的討論。很快地，他就跟兩兄弟中的其中一位發生了激烈的爭執。他們吵到開始爭辯究竟華雷斯（Juárez）是在舊墨西哥還是新墨西哥。

衣著講究的那個人大聲喊道。「你騙不了克里斯多福。克里斯多福有腦，像你這種愚蠢的混混是無法糊弄他的。你根本沒去過華雷斯！」

他突然跳了起來。我擔心暴力發生而轉身面向他。他站定位，準備攻擊另一個人，眼睛瞇了起來，充滿仇恨。

「如果你打我，那你就大錯特錯了。」那人衣著寒酸，冷靜地看著克里斯多福說道。他身邊的同伴則淡淡地微笑著，「他是我的兄弟。我當然支持他。」

「你在威脅我？」克里斯多福低聲說道。

「不，你看，」那人的兄弟安撫道。「不然你們兩個就同意，都不要再開口說話如何？」

「他不會再對我說任何一句話？你保證？」克里斯多福說。他放下拳頭，但面容仍舊僵硬。

「不，他不會，你願意嗎？」

那個衣著寒酸的人愉快地聳了聳肩膀。「我猜——」

「不准說話！不准說了！」克里斯多福對著他的臉大喊。

「好啦好啦……」他說，並看了我一眼，彷彿在說優雅的克里斯多福一定是發瘋了。

克里斯多福瞪了他一段時間後，才移到我旁邊的位子上坐下。他的存在讓我緊張不安。他很狡猾，明顯不懷好意，我不知道他會使出什麼把戲。我凝視著窗外，大幅度地轉過頭，讓他只能看見我的後腦勺。

他在座位上低下了頭，雙手瘋狂地在空中擺動，彷彿在彈吉他。他開始輕聲地、悲傷地唱起藍調，唱到了猥褻的字眼時還會降低聲調。他身上散發出一股奇怪、甜甜的氣味。我想是大麻，但這只是我的猜測。

我感覺到他用手肘撞了撞我的腰。「你覺得怎麼樣，老爹？」

我點點頭，盡可能表現出禮貌又不置可否。他把帽子拉低到眼睛的位置，點了一支菸，把菸叼在唇邊。我轉過頭，繼續凝視窗外，希望他不要再來打擾我。

他再次輕推我，於是我轉過身。他把頭深深向後仰，好從帽緣下盯著我看。「你不喜歡藍調喔，老爹？」

「我不知道。」我說。

他用微瞇著的眼睛打量我。然後，彷彿找到了答案，他朝我露出了一個燦爛的笑容，重重地靠在我身上，小聲說：「我敢打賭，老爹，你一定會喜歡這個。」

他把帽子向後頂，非常專注，手勢變得拘謹，掌心向上，以懇求的姿態，開始輕輕地用我所聽見過最美麗的拉丁文唱出讚頌詞：「皇皇聖體尊高無比，我們俯首致欽崇（*Tantum ergo sacramentum, Veneremur cernui*）。」當他接著歌頌著這段知名頌詞的格雷果（Gregorian）版本時，我目瞪口呆地看著他。

他溫柔地看了我一眼，柔和的臉龐彷彿快要落淚。「這你就有感吧，老爹？」

「是的。」我說。

他畫了一個很大的十字架，低下頭，再次以完美的拉丁文唱誦經詩，這次是懺悔祈禱文（Confiteor）。結束後，他仍靜止不動，沉溺在深刻的內省中。人行道上除了車輪的聲音以外，一片寂靜。沒有人講話。周圍這些坐在附近、親眼目睹這奇特場面的人一定感到很困惑。

「我猜，你以前是個祭壇侍者。」我說。

「我曾經是，」他頭也不抬地說，「我曾經想當一名神父。」他那張表情豐富的臉顯露出各種情緒。他的眼神因遺憾而變得黯淡。

走道另一側，剛和克里斯多福大吵過的那人笑著說：「最好別相信他告訴你的任何話。」

克里斯多福英俊的臉龐瞬間充滿恨意。

「我告訴過你不要跟我說話！」

那人的兄弟介入了。「他只是忘了。」然後對著他身旁那位忍不住插了嘴的人說：「別對他說什麼。他受不了你。」

「我是在和另一個傢伙說話，那個戴著墨鏡的。」他說。

「閉嘴！」克里斯多福大喊，「你是在說**我**——我不許你再說了。」

「保持安靜就好了，」那人的兄弟說，「你說什麼都會讓他生氣。」

「該死，這是個他媽的自由國家欸，」那人無力地說道，臉上還是帶著笑意。「我才不怕他。」

「好啦，就安靜點——你不需要跟他說話。」他的兄弟懇求道。

「你叫他安靜，否則——」克里斯多福囂張地說。

我的胃因為不安而收縮，想說他們一定會大吵一架。我驚訝地發現克里斯多福把目光投向我這邊，對著我眨眼，彷彿他暗地裡被逗樂了。他怒視著他的「敵人」一段時間，才轉向我。「我換來你這邊坐，是因為你看起來是這邊唯一有足夠智慧能理性對話的人。」

「謝謝。」我說。

「我不是純的黑人，」他自豪地說，「我母親是法國人，父親是印度人。」

「原來如此……」

「她是葡萄牙人，我的母親——一個美麗的女人。」克里斯多福嘆了口氣。

「這樣啊……」

走道對面的那人不禁咧嘴微笑，察覺到克里斯多福顯然在說謊。我用眼神警告他，而他沒有質疑我們這位法國—葡萄牙—印度朋友的家世背景。

「讓我猜猜，」克里斯多福打量著我，「你是什麼血統？給我一分鐘。克里斯多福從不會搞錯。我總能說出一個人身上流著什麼樣的血。」他用雙手捧著我的臉，仔細地端詳著我。我等待著，想說這個怪人肯定會看穿一切，揭露我的身分。終於，他嚴肅地點點頭，表明已經破解我的血統。「我知道了。」他的眼睛閃閃發光，猶豫了一下，才準備好向世界宣布他驚人的發現。我不禁退縮，準備要有所解釋，然後決定阻止他揭發真相。

「等等，讓我——」

「佛羅里達納瓦霍（Navaho），」他成功地打斷，「你母親有佛羅里達州原住民納瓦霍族的血統，對不對？」

我不禁想笑。一開始是鬆了一口氣，接著想到我的荷蘭—愛爾蘭裔的母親竟然是什麼佛羅里達納瓦霍人，如此具異國情調。同時，我隱隱地感到失望，原來克里斯多福也沒有比我們其他人高明多少。

他等著我回答。

「你很敏銳。」我說。

「哈！我從未看走眼。」瞬間，他的表情突然變得兇惡。「我恨我們，神父。」

「我不是神父。」

「啊，你騙不了克里斯多福。即使你穿著平民的衣服，我也知道你是一名神父。神父，你看看這些小流氓。愚蠢、無知的混蛋們。他們什麼都不懂。我要離開這個國家。」

他的怒氣消退了。接著他聲音一沉，俯身在我耳邊低語：「讓我告訴你真相，神父。我才剛出獄，四年了。我正要去見我太太。她開著一輛新車，在斯萊德爾（Slidell）等著我呢。上帝啊……我們的重逢將有多麼美好！」

他的神情變得痛苦，頭靠在我的胸口上，無聲地流著淚。

「不要哭，」我悄悄說，「沒關係。別哭了。」

他抬起頭，翻了個白眼，看起來備受煎熬。他滿臉淚水，所有高傲的防備都消失了，他說：「之後，神父，當你做彌撒時，你願意為克里斯多福代領聖餅嗎？」

「你誤以為我是神父了，」我說，「但下次我去彌撒時，會記得你的事。」

「啊，只有這樣，內心才能獲得平靜，」他嘆了口氣，「那就是我靈魂所渴望的平靜。我希望回家後能獲得平靜，但是我無法──我已經有十七年沒有上教堂。」

「你隨時可以回去。」

「不，」他哼了一聲。「我必須先殺死幾個傢伙。」

我吃驚的樣子肯定表露無遺。他露出了一抹得意的笑容。

「別擔心，老爹。我會小心的。你何不和我一起下車，我們一起在這個小鎮大開殺戒？」

我告訴他我不能。巴士緩緩駛進斯萊德爾。克里斯多福站起身來，拉直領帶，怒瞪了一番走道對面的那個男人，接著向我點點頭，然後下車離去。雖然他的離開讓我們如釋重負，我不禁在想，如果他不以生為黑人而感到痛苦，他將會有什麼樣的人生。

在斯萊德爾，我們換乘另一輛灰狗巴士，也換了另一位司機，是一名中年男子、肚子渾圓，有著肥胖的雙下巴，靠近臉頰處滿是小小的紅色血管。

一名身材矮胖的年輕黑人，告訴我他名為比爾．威廉斯（Bill Williams），問我是否介意讓他坐在我旁邊。

克里斯多福離開後，我們黑人座位區的緊張情緒都消失了。聽了我們方才的交談，現在每個人都知道我是外來客，談話變得很輕鬆自在，氣氛也更熱絡。

「人們來到這裡，都說密西西比州是世界上最糟糕的地方，」比爾說，「但是我們不能全部都住在北方。」

「當然不能。而且這裡景色很美。」我說，看著外面的巨大松樹。

他看到我很友善，主動提供了建議。他說：「如果你不習慣密西西比州的情況，你就必須密切注意周遭情況，直到適應為止。」

在場其他人聽到了，也點頭表示同意。

我告訴他，我不知道該留意什麼。

「嗯，你知道你甚至不可以盯著白人女性。實際上，你要低頭看地上，或是看其他地方。」

對面一名高大、和善的黑人女性對我微笑。「在這裡他們對這件事非常敏感。你也許都不知道自己是朝白人女性在的方向注視，但他們就會加油添醋，把事情說成這樣一回事，」

她說。

「如果你經過電影院，外面的海報上有女性，你也不要看。」

「有那麼嚴重嗎？」

他肯定地向我保證。另一個男人說：「一定有人會說：『嘿，男孩，你**那樣**盯著那個白人女孩看是要怎樣？』」

我想起在紐奧良公車上遇到的那個女人，幾乎是帶著一模一樣的表情。

「你的衣服很體面，」比爾繼續說，他深黑色的面孔一臉凝重，因為專注而眉頭深鎖。「如果你走在大街上，經過一條小巷時，請走在街道的中間。這邊很多人，不管是白人、黑人，如果認為你身上有錢，一定會朝著你的頭敲下去。如果白人小子對你吼叫，你只管繼續走，不要讓他們攔住你並開始問你問題。」

我告訴他說我很謝謝他的警告。

「你們還有想到別的事嗎？」他問其他人。

「都講到了。」其中一位說。

我再次謝謝他告訴我這些事情。

「好啦，換作是我來到你的地盤，我也希望有人告訴我。」比爾說。

他告訴我說他是一名卡車司機，在哈蒂斯堡工作。這次他將貨物載到紐奧良，把卡車留在那裡維修，自己則搭巴士回到哈蒂斯堡。他問我是否已經安排好住宿地點。我告訴他還沒有。他說，最好的辦法是要聯繫某個重要人物，讓他來幫我聯絡另一個可靠的人，好幫我找到一個合適且安全的地方。

傍晚時分，巴士駛入某個小鎮稍作停留。「我們在這裡停留大約十分鐘，」比爾說，「我們下車，伸伸腿。如果需要上廁所的話，這邊有男士的洗手間。」

司機站起來，面向乘客宣布：「十分鐘的休息時間。」

白人起身下車。我和比爾，領著其他黑人，走到車門。司機一見到我們，就擋住了我們的路。比爾從他的手臂之下溜過去，往外頭昏暗的車棚走去。

「喂，小子，你要去哪裡？」司機對著比爾大喊，一邊張開雙臂阻止我走下車。「喂，就是你，小子，我在跟你說話。」比爾的腳步聲從容不迫地踩在碎石上。

我站在最下面的階梯上等待著。司機轉過身來。

「你以為你要去哪裡？」他問，臃腫的臉頰隨著他吐出的每個字而顫動。

「我想去洗手間。」我微笑著，準備走下車。

他緊握住他靠在門邊上的拳頭，並用肩膀把我擋在出口前。「你的車票有說你可以在這裡下車嗎？」他問道。

「沒有，先生，可是其他人——」

「那你就聽我的命令，滾回位子上。」他提高語調說道，「我可沒有閒工夫等到我們準備好出發的時候，再把你們這些人趕回車上。」

「你宣布在這裡休息。白人全都下了車。」我說，無法相信他真的打算剝奪我們上洗手間的權利。

他踮起腳尖，臉貼近我的臉。他的鼻孔張大。一綹鼻毛從他鼻孔露了出來，被汽車腳燈照到而閃著銀光。他語帶威脅，緩緩地說道：「你這是在跟我爭辯嗎？」

「沒有，先生……」我嘆了口氣。

「那你就照著我說的做。」

我們如一小群牛隻般轉身，撤回到我們的座位。其他人抱怨著這有多麼不公平。那位身形高大的女人看起來很歉疚，好像讓陌生人看到密西西比州骯髒的一面，她感到很丟臉。

「他沒有理由可以這麼做。」她說，「他們通常會讓我們下車。」

我坐在一片昏暗的暮色中，幾乎不敢相信在這樣自由的年代，竟然有人可以剝奪另一個人解渴或使用洗手間如此基本的權利。在這裡，你不會覺得你在美國，倒像是到了一個充斥醜惡之事的陌生國度。緊張的氣氛懸在空氣中，威脅無所不在，雖然你無法清楚地指出來。

「好吧，」我聽到身後一個男人輕聲但堅定地說道，「如果我不能下車上廁所，那我就在這裡上。我不會呆坐在這裡，忍到膀胱爆炸。」

我回頭看，發現是那個衣著寒酸、激怒克里斯多福的人。他半蹲著走到最後一排座位後方，唏哩嘩啦地尿在地板上。周圍傳來難以區別的認可聲——有人靜靜發笑、清嗓子，也有人悄悄低語。

「讓我們一起這樣做吧。」一個男人說。

「對，讓這台巴士淹水，了結這一切該死的蠢事。」想到可以讓巴士司機和巴士得到應有的回報，我們感到很開心，痛苦不再。

我們正要行動，但又被另一個聲音制止。「不，別這麼做。這只會給他們更多怨恨我們的理由。」一名老先生說話了。另外一名女人表示同意。我們所有人都可以想像後果。白人會開始聲稱我們不成體統，說黑人竟然連上廁所要去洗手間都不知道，說我們會在巴士後面小便，而且當然不會提到是司機不讓我們下車。

司機霸道的聲音引起了我們的注意。

「你是沒有聽到我在叫你嗎？」比爾爬上台階時，他問道。

「肯定沒有。」比爾愉悅地回答道。

「你聾了嗎？」

「沒有，先生。」

「你是想說你站在那裡，聽不到我叫你嗎？」

「噢，你有叫我喔？」比爾天真地問道，「我聽到你大喊『小子』，但那不是我的名字，所以我不知道你是指我。」

比爾回到座位，坐在我身旁，周圍都是讚許他的人。在龐大的黑白拉鋸戰中，這種反抗的行為讓他成了英雄。

隨著我們越深入密西西比州，我注意到黑人會安慰自己的同胞，也從自己的同胞身上獲得慰藉。在紐奧良，黑人鮮少關注自己的兄弟，但是在密西西比州，每個從不同小鎮上車的黑人乘客都會對其他所有人微笑、打招呼。大家強烈地感受到建立友誼的必要性，作為面對隱形威脅的緩衝。我們像船難者，依偎在一起，沉浸在單純而悲傷的溫暖與善意之中。

隨著我們深入該州的中心，威脅也遽增。白人和黑人之間的距離明顯擴大，雖然我們也只有在夜幕降臨、巴士燈亮起時，才會看見他們的後腦勺和肩膀，以及他們的帽子和冉冉上升的香菸煙霧。他們什麼也沒說，沒有回頭，但是他們散發出來的敵意卻清晰可見。

我們試圖藉著溫暖、友善地對待彼此，以對抗這樣的敵意。我們的互動遠比一般陌生人之間來得更密切。女人們會講到她們住的地方，答應互相探望，即便她們知道這樣的互訪永遠不會發生。

當我們接近波普拉維爾（Poplarville）時，車上開始騷動了起來。每個人都想起了年輕的帕克遭到私刑，以及陪審團拒絕將聯邦調查局針對兇嫌所提出的證據納入考量。

「你知道波普拉維爾嗎？」比爾小聲地說。

「知道。」

一些白人回過頭看。原本激動的黑人瞬間變得面無表情。

比爾用一種平靜且不帶感情的聲音指出了一些地方。「那是他們把他架走的監獄。他們走到他的牢房，那些混蛋，抓住他的腳，往下拖，導致他的頭不斷撞在每個台階上。他們在階梯上發現了鮮血，樓梯底部也有血。他一定知道他們要對他做什麼。他一定嚇昏了。」

巴士在一座南方小鎮的街道上繞行，是座看上去很雅致的小鎮。我環顧四周。這一切對我的同伴來說太真實，太歷歷在目了。他們的臉像是被掐住，表情像是他們也被拖下監獄樓梯那樣地凹陷，彷彿感受到自己的頭一次次撞到台階，親身經歷那種恐怖……

比爾的聲音打斷了我的思緒，他尖酸地說：「他們在那個法院做出了決定。」他看著我，想知道我是否理解他指的決定是什麼。我點點頭。

「在那兒他們早就告訴白人：『你可以放手去做，對那些黑鬼用私刑，我們會保證你不會惹上任何麻煩。』」

我揣想前面的白人在想些什麼。私刑、珍珠河郡大陪審團的冷酷決定，這些肯定都盤據在他們的腦中。或許這些不公不義對他們而言，就像對我身旁的人一樣，都是一場惡夢。

我們駛過樹木繁茂的鄉下，直到黑夜。比爾在我旁邊打瞌睡，他的打呼聲呼應著車輪轉動發出的嗡嗡聲。沒有人說話。過了一會兒，比爾醒了過來，指著窗戶外面說：「那是他們把他屍體打撈出來的小溪。」我把雙手輕輕靠在窗戶上向外看，但在黑暗的天空下只看到深鬱的樹叢。

我們大概在八點半抵達哈蒂斯堡。大多數的黑人都趕緊去洗手間。比爾鉅細靡遺地給了我更多指示，而這讓我非常擔憂。我心想，要不是真的有危險，否則他怎麼會這麼小心翼翼地幫助我避開麻煩呢？他告訴我應該先去哪裡，以及我應該要求見誰。

「要怎麼去那裡最好？」我問。

「你身上有錢嗎？」

「有的。」

「搭計程車。」

「我該在哪裡叫車？」

「外面隨便一輛計程車都行。」他指著一排停靠在車站外面、由白人駕駛的計程車。

「你是說白人司機肯載黑人乘客？」我問。

「對啊。」

「在紐奧良不行……他們說他們不被允許。」

「在這裡，只要他們可以賺到你的錢，他們什麼都做。」他說。我們走到一輛計程車旁。

「先生，要上哪兒去？」司機說。隔著車窗，我看到司機是一位看似和善的年輕人，沒有任何敵意。比爾告訴他要載我去的地方的地址。

「等我們一下，好嗎？」比爾告訴司機。他抓著我的手臂走向一旁。

「我會問到你住在哪。大概明天中午我會過去，確定你一切安好。」

我再度感到不知所措，一個陌生人竟然願意不厭其煩地幫助我。

我向他道謝。他猶豫了一下，好像有些不確定，然後說道：「我沒有想多管閒事，但是如果你打算找一個女孩，你不會想碰到一個會傷害你的吧。」

「當然不。」我想到了法國詩人拉封丹（Jean de La Fontaine）撰寫的〈兩個朋友〉（Les Deux Amis）。在這個寓言中，做朋友的想要幫忙故事的英雄擺脫悲傷，甚至替他買了一個女孩。從比爾的語氣或行為中，我沒有感到任何淫穢的暗示，當然也沒有在拉客的意味。不，他只是想保護我。

「如果你打算要找一個，最好讓我幫你找一個乾淨的。」

「我很累了，比爾。」我說，「我想今晚就算了吧。」

「沒關係……我只是不想要你陷入麻煩。」

「我很感激。」

計程車司機把我送到了摩比爾街（Mobile Street）的住址，這是黑人區的主要街道。這條街十分狹窄、擁擠，沿路都是商店、餐館和酒吧。司機非常有禮貌，而且很真誠的樣子，讓我覺得這是他的本性，而不是想要討好客戶的表面工夫，和我在紐奧良的商店中所經歷的大不相同。

「這裡看起來亂透了。」我一邊付錢給他一邊說道。這裡人聲喧譁，點唱機播放的搖滾樂音量又開得太大，我必須很大聲說話，他才聽得到。

「如果你不熟悉這個街區，最好趕緊進到室內。」他說。

我的聯絡人把我介紹給這個街區的另一個人。我沿著摩比爾街走，一輛載滿白人男子和男孩的汽車飛速駛過。他們對我嚷嚷著不堪入耳的髒話。一顆柑橘飛過我的頭，摔爛在一棟建築的外牆上。這條街喧鬧而雜亂，緊張的氣氛厚如濃霧。

我感受到它近乎瘋狂的恐怖。當我進入第二個聯絡人的商店時，我們低聲交談。不過他在表達對於街區那些野蠻人的不屑之情時，絲毫沒有任何警戒或謹慎之意。

「那些狗娘養的痛扁了一個男孩。他獨自一人走在路上，他們跳下車，把他整得很慘，在誰都沒有發現的狀況下就逃走了，」他說，「他們還陷害了另一人，捏造他在車內藏了威士忌的罪名。他是鎮上最好的男孩之一。滴酒不沾的。」

他是如此痛心疾首，因此我知道，如果我洩露自己的身分，一定會被認為是白人的間諜。

另一輛汽車呼嘯而過，街道上突然空無一人，但一些黑人隨後又出現了。我躲進一間黑人藥妝店，喝了數杯奶昔作為留在那裡的藉口。

一位穿著體面的男人向我靠近，問我是否是格里芬先生。我告訴他我就是。他說有個房間要給我，隨時準備好過去就行了。

我再次走上街，穿過充滿人群和燈光的黑夜。馬路對面的一間小酒館中傳出藍調音樂，鬧哄哄的，令人不禁感到煩躁，此外還飄出了烤肉和煤油的味道。
我的房間在一棟簡陋的木造建築樓上。它稱不上有油漆過且破舊不堪，但黑人引路人向我保證這邊很安全，而且他們會密切留意我的狀況。我沒有打開燈就走進房內，坐在床上。街道上的燈光讓整個房間籠罩在淡黃色的光線中。
在樓下的小酒館中，一個男人即興創作了一首歌：「可憐的馬克．帕克……滿腔熱血……陳屍在小溪裡。」
「哦，上帝。」一陣安靜後，一個女人說道，聲音充滿了悲傷和敬畏。
「上天啊……上天……」一個男人低聲道，好像他再也沒什麼話好說。
錄音帶播放的爵士樂響徹整個街頭，樂聲高亢奔放，宛如要震穿五臟六腑。木地板在我的腳下吱吱作響。我打開燈，看著一面破裂的鏡子，被彎曲的釘子釘在牆上。光頭黑人在斑駁的鏡中回望著我。我知道我身處地獄。但即使是地獄也不會令人如此孤單或絕望，也不會令人這麼痛苦地感到與和諧有序的人間越來越疏遠。
在空蕩蕩的房間裡，我聽到我的聲音，它是如此空洞、冷淡，彷彿是另一個人在說：「黑鬼，你站在那裡哭什麼？」
我在昏黃的燈光下，看到淚水滑落他的臉頰。

然後，我聽到自己說出那句已經聽黑人們說過無數次的話：「這不對，就是不對。」

然後，我的心中湧起一陣反感，一瞬間閃過對白人毫無來由的憎恨。某種程度上，白人正是這一切的罪魁禍首。我心中也產生了黑人長久不解的迷惘：「他們為什麼要這樣做？他們為什麼要讓我們這樣？他們可以獲得什麼？他們著了什麼魔？」（黑人說：「是被什麼樣的病痛纏身？」）我的憎惡轉為悲痛，我自己的同胞竟然對別人投射仇恨的目光，讓別人的靈魂萎縮，剝奪生而為人的基本權利——明明我們從不吝嗇賦予牲畜這些權利。

我別開眼，不再望向鏡子。牆角木地板上有一顆燒壞的燈泡，透明的玻璃反射天花板的電燈，形成一個小小的亮點。六張膠卷底片，如枯葉般捲曲在燈泡周圍。我撿起底片，異常興奮地拿到燈前，好奇地想要看看以前住在這個房間的房客所拍攝的影像。

每張底片都是空白的。

我想像他要去藥妝店領取沖洗完成的照片，匆匆回到這個骯髒的房間，用妻子、孩子、父母、女友的照片溫暖內心——誰知道呢？當時，他坐在這裡，手拿著空白的底片，創作的心血就這麼付諸流水。

我把底片丟向牆角——他當時肯定也這麼做了——聽到底片沙沙地擦過牆壁，落在地板上。其中一張底片劃過壞了的燈泡，發出了奇異的音調，跟屋外吵鬧的聲響相比，更顯得脆弱而尖銳。

樂聲從自動點唱機流瀉而出，刺耳的節奏迴盪在街頭：哼哈滴……哼哈滴、哼哈滴、嗚呼……哼哈喀滴……嗚呼……嗚呼……

烤肉的香氣折磨著我空空如也的胃，但我不想離開房間，回到地獄般的大街。

我拿出筆記本，趴在床上，試圖寫點什麼——隨便什麼都行，好讓我可以逃離密西西比那與死亡共舞的夜晚。但是我沒有感受到過往熟悉的那份滿足感。我嘗試寫信給我的太太——我需要寫信給她，讓她知道我的消息，但我發覺我什麼也無法告訴她。我一個字也寫不出來。她與這邊的生活無關，與哈蒂斯堡的這個房間或居住在這個地方的黑人都毫無瓜葛。這一切令人發狂。我的身體本能地抗拒著這種疏離。我開始了解文學批評家萊昂內爾．崔林（Lionel Trilling）為何說文化是個囚籠——人經由學習而來的行為模式是如此根深蒂固，促使人們在下意識產生反應。我作為黑人的經驗，以及我們文化中的種族主義所灌輸的強烈的性暗示，切斷了我與我的妻子之間的牽絆，甚至讓我與最親密的自我產生斷裂。

我盯著這封信，看到紙上寫著：**十一月十四日，哈蒂斯堡。親愛的**。然後是一整頁空白。

隔閡突然變得清晰可見。身為觀察者的我看到一名黑人，身邊環繞著貧民窟的聲音和氣味，用「親愛的」來稱呼一名白人女性。我的黑人特質是個枷鎖，阻止我這麼做。雖然我能理解並分析正在發生的事，但我卻無法跳脫出來：

永遠不要盯著白人女性瞧——低頭或看別的地方。

喂，小子，你是什麼意思，稱呼白人女子「親愛的」？

我離開房間，外出找烤肉吃。我走下台階，手扶在冰涼、剝蝕的欄杆上，經過一個男人，他用頭枕著手臂，靠著牆，上半身前傾，隱沒在陰影中。我往前走，隨後打開一扇門進去。在昏暗的燈光下，有個告示牌寫著：「禁止猥褻行為」和「南方風味香腸（Hot Links）二十五美分」。

一個圓臉、雙頰泛著油光且流著汗的女人遞給我一個烤牛肉三明治。我黑色的手從她黑色的手裡接過三明治。柔軟的麵包上看得到她拇指印壓而留下的痕跡。我們站得很近，聞得到她白色制服底下散發出的體味，混雜著山胡桃煙燻肉、梔子花爽身粉和汗水的氣味。她臉上的表情深深引起我的注意。她就像用雙眼無比清晰地說道：「天啊……這味道是不是很糟糕？」她拿了錢，走回開放式廚房。我看著她舉起一個巨大鍋蓋，叉起一大塊肉。白煙滾滾，把她的臉燻得灰濛濛的。

肉的溫度從麵包傳到我的手中。我拿著三明治到外頭吃，坐在房子後方通往我房間的台階上。前方有一束光射過我身旁，照亮了佈滿塵土的雜草、碎屑，還有遠處的一些建築。即使在這個半隱蔽之處，夜色、喧囂和雜鬧，仍舊包圍著我。

……哼哈滴……哼哈滴……哼哈滴……哼哈喀滴……

喧譁的音樂蓋過其他一切節奏，甚至是心跳。我想知道對於這一切，碰巧經過的觀察者或本地的白人會有什麼觀感。「今晚黑鬼們在摩比爾街狂歡，」他們可能會說，「他們很開心。」或者，正如一位學者所說：「儘管地位低下，他們仍然有能力過著快樂的生活。」但是他們可曾看出這個街區籠罩著無比沉重的憂傷，是如此抑鬱，以至於人們不得不透過噪音、酒精、性或暴飲暴食讓感覺麻痺，才能短暫逃離？笑聲必須非常粗野，否則便會轉成哭泣，而哭泣就意味著對現實有所意識，有意識就會絕望。因此，爵士樂流瀉出來，多樣的旋律發展、重疊，音量越來越大聲，以掩飾每個人靈魂深處的耳語。「你是黑人，你是有罪的。」這就是白人誤以為的「過著快樂的生活」，並稱其為「狂歡」。白人可以說「黑人活得像條狗」，並且永遠不去理解為什麼黑人必須為了拯救自己，必須大喊大叫、喝醉、扭腰擺臀，或者縱情酒肉，即便食慾所帶來的幸福也早已被剝奪。若不這麼做，這個街區的聲音將失去原有的秩序和節奏，徒留哀號。

我感到大難臨頭。夜晚降臨之後，緊張情緒終會在某處爆發，釀成暴行。白人男孩開車衝得太快。如果他們在街上看到某個落單的男人、男孩或女人，想要毆打或殺害的欲念會立刻油然而生。瘋狂的氣息越發強烈，一定會發生什麼可怕的事情，打破現狀。

密西西比州歌的歌詞浮現在我的記憶中，嗡嗡作響：

在南方的密西西比州，
白色棉花在陽光下綻放。
我們都愛我們的密西西比州，
在這裡，我們的生活逍遙。
夜晚的星星更加明亮，
每一滴晨露都讓人快樂，
因為在南方的密西西比州，

我們因自己降生於此而感到喜悅。

我又想起了書本和電影裡的場景——蕾絲、有著遮蔭與白色廊柱的露台、穿著優雅制服的「黑鬼僕人」端著薄荷朱利普酒。我想到榮譽、木蘭花香，以及「黑鬼」白天在棉花田裡「快樂而滿足」地勞動，然後晚飯結束聚集在莊園，用靈歌讚頌自己心愛的白人……直到時間到了，他們可以逃離，重獲自由。

今晚在這裡，我座位下的木板、烤肉在嘴唇邊留下的油脂，以及逃避白人眼神的需求，都輕蔑地貶低了這片「生活逍遙」的土地。

在密西西比州，上帝就是愛，

家與教會就是人們的摯愛歸屬。

我僵硬地站起來。突然間，我知道我再也無法回到那個有著斑駁的鏡子、壞掉的燈泡和空白底片的房間了。

在哈蒂斯堡，我認識一位白人，或許可以向他求助——他叫做P．D．伊斯特（P.D.

East），一名新聞記者。但我猶豫要不要打電話給他。他為了尋求種族正義，而受到嚴重迫害；我擔心我若和他接觸，會進一步波及到他。

我在外面的水龍頭洗了手和嘴巴，然後走到街上的電話亭打電話。

P・D・不在家，但我把情況解釋給他的妻子比莉（Billie）聽。她說自己在很久前就已經習慣各種衝擊事件，並堅持要P・D・救我。

「如果會為你們帶來更多麻煩，那就不必了，」我說，「我怕死了，但我寧願待在這裡，也不願讓你們牽扯得更深。」

「時間已經晚了，」她說，「我會聯繫P・D・，他可以接你過來，不讓任何人看見。站在藥妝店門口等，他會去接你。只有一件事——你不要在這區進行任何調查，好嗎？」

「當然不會。」我說。

「我的意思是，那就真的會讓我們陷入困境——」

「當然，我連想都不敢。」

我在燈仍亮著的藥妝店門口等待，入夜後店就打烊了。每當汽車駛過，我的神經就緊繃起來，準備又有一顆柑橘再被扔過來或是一陣咒罵。其他的黑人站在其他店鋪門口，看著我，好像站在燈光下的我是瘋了似的。一個機警的人會在暗處等待。

過了一會兒，一輛休旅車緩緩駛過，停在街上離我幾公尺遠的地方。我確信那一定是P．D．，但想著他怎麼會這麼蠢，把車子停在那裡。他不得不沿著人行道朝我走來，會被一整排充滿敵意的黑人盯著看。黑人們可能不認得他，不過今晚他們肯定也有充分的理由對任何白人洩恨。

他下了車，一派輕鬆地朝我走來。在昏暗的燈光下，他的身影更顯龐大。我說不出話來。在街上眾目睽睽之下，他握了握我那黑人的手，然後用柔和而優雅的語氣說：「你準備好離開了嗎？」

我點點頭，接著一起回到他的車上。他幫我開門，讓我進去，然後開車離去。

「真了不起。」在一陣令人不安的沉默之後，他說道。

我們開車前往他家，路上漸漸變暗。我們用一種異常拘謹的態度交談。最初我對此感到奇怪，後來才意識到，我已經習慣作為黑人，習慣被鄙視，以至於我無法擺脫這種謹小慎微的態度。和一名白人一起坐在汽車的前座，讓我感到很不自在，尤其是在我們回他家的路上，可說是打破了「南方規則」。同時，在這種特殊的氣氛下，我的「逃亡」相當感性，而我們倆都能感受到。

我再次懇求他，如果這對他的妻小會造成任何窘迫或危險的話，就不要帶我回他家。但他無動於衷。

我們開車進入他的車庫，他的妻子站在房子旁邊的陰影中。

「嗯，你好，湯姆叔叔。」她說。

可怕的真相再次讓我心生感慨。在美國，在這個時代，只是白人接待黑人的單純舉動，卻必須在黑夜中進行，而且其不安的氣氛必須以拿生命來開玩笑的幽默來應對。

我們究竟在害怕什麼？我無法明確指出。自然不是因為三K黨的人會跑來襲擊我們。我們只是陷入籠罩著這個州的恐懼，某種無以名狀的恐怖。它讓我想起了希特勒開始在歐洲進攻時，我們所感受到的那種縈繞於心、毫無來由的恐怖，與猶太人交談的恐怖（以及對這樣的感受深深感到可恥）。至少對於黑人來說，這種恐懼始終存在於南方，而毫無疑問地，許多善良的白人也有類似的感受，他們觀望、等待並感到可恥。

一進到他家，尷尬的感覺逐漸減輕。然而，這對我來說很痛苦。我無法很自在地把自己當作另個與他們「平起平坐的人」，在他家客廳坐下來。

他們的家很簡樸，但跟我最近住過的地方相比，簡直是一座宮殿。然而，反差最大的是其輕鬆、信任和溫暖的氣氛，帶給了我新的啟示：人當然有辦法享受待在他人家中的樂趣，並且自在放鬆。雖然這對於大多數人而言再平常不過，但是在我作為黑人的經驗中，這種奢侈的感覺是不存在的。

伊斯特一家人把我帶到我的房間，想說我或許想洗個澡。比莉為我準備了客用的毛巾和洗臉毛巾，它們全是黑色的——我把它看作另一個幽默諷刺的例子。

我們討論了各自的經歷，直到深夜。我們談到了一位共同朋友——文學史學家麥斯威爾·蓋斯瑪（Maxwell Geismar，後稱麥克斯）；他在一年前透過書信介紹我們認識。P·D·最近拜訪過蓋斯瑪一家；他告訴我麥克斯和安妮·蓋斯瑪（Anne Geismar）如何在全國各地幫他尋求援助。

然後，伊斯特拿給我他的自傳手稿《木蘭花叢林》（*The Magnolia Jungle*），之後將由西蒙與舒斯特出版公司（Simon & Schuster）出版。到了午夜，我把手稿帶回我的房間，打算在睡覺前讀一下。

我完全停不下來。我徹夜讀著這個出生在本地的南方人的故事，他試圖跟隨人群，經營著一份無害的小型報紙《佩特爾報》（*The Petal Paper*）。他很熱情友好，加入了當地的公民俱樂部，並確保行事作風符合當時的大眾輿論。當然「大眾輿論」的意思就是「大眾偏見」或「不許黑鬼越界」之意，而且當然是一種基督教徒、百分百美式公平競爭的作風。

「不論在天涯海角，我都努力取悅他人，贏得友誼並使出各種花招。」他寫道。他採納了南方的社論政策，即「愛美國這個母親，並痛恨罪惡」，而且絕不提及黑鬼，除非是用南方生活特有的幽默。《佩特爾報》報導當地的新聞，並附上短文專欄，譬如「本週公民」和「祈禱與冥想」。後者由一位當地的神父主筆，「針對那些擔心沒有讀到任何有關耶穌言行的基督徒」而寫。

在創報第一年，伊斯特設法取悅所有人，並且不冒犯任何人。報紙很暢銷，他賺了錢，在市民中很受歡迎。

即便伊斯特刊登了所有重要議題，他對這些議題仍採取立場模糊的態度。到了晚上，他開始失眠，感覺到自己在賤賣自己的良心和編輯責任。「當我認清自己的心理狀態，我感到極度恐懼，但也立刻扮出泰然自若的笑容，與人熱情握手，回到原本的狀態。這就是金錢的美好滋味所帶來的影響。」

伊斯特備受折磨，開始與自己的良心和正義感交戰。他開始了解到，儘管他在報紙上寫了讀者想看的東西，但內容並不一定屬實。一九五四年，最高法院對於種族隔離做出判決後，南方的局勢開始惡化，他必須抉擇：要麼他必須變本加厲地竄改事實，以使其符合人們的預期，或者他必須寫出真相，並暗自希望人們會因此願意走出自己的舒適圈，加以順應。

他的社論開始偏離南方的「正確」態度。他開始用「公正」一詞來形容他的新編輯政策。「我誠實且真誠地相信，只有絕少數的情況例外，一個人可以說出自己想要說的話，並且不用擔心遭到報復，特別是對於一家報社的經營者，他正在擴展商業版圖，有著不快樂的靈魂，這是一個難得的改變，非常正派而誠實。」他決定要「公正地」作決定，違背了南方的「正確」態度。

他繼續固執地鼓吹正義。他說，為了證明黑人無權享有他們的自由，我們實則在推翻我們自己精神所倚賴的原則——不論我們屬於哪個種族、持有何種信念，我們都在傷害自己。本質上，他要求的是符合道德與良心的社會行為。他說，在我們能夠伸張正義之前，我們必須先擁有真相，而且他堅持自己出版真相的權利和義務。在某些人眼裡看來，他的行為顯然是種重大的背叛。

我躺在床上，在燈下一邊閱讀一邊抽菸。隔著房間的牆，我聽到伊斯特在打呼，但是在書頁上，他卻無比清醒地活在字裡行間之中。

他遭到匿名人士的電話威脅與騷擾。白人公民委員會（White Citizens Councils）開始關注他的行徑，此後他失去了大部分的當地訂戶和廣告。在一個言論自由和新聞自由的國家，它們切斷他的活路，只因為他表達的觀點與他們的偏見不一致。

舉例來說，他質疑該州立法機關所提出的一項法案，該法案授權以稅金補助白人公民委員會。他問說這是否公平——從黑人那裡獲取稅金，再把錢拿去支持一個公然壓迫黑人的組織。

另外一項法案是針對沒有進行種族隔離的教會處以罰款；他爭論說這公然牴觸了憲法增修條文第一條。

他指出，這些都只是讓不公義合法化的老掉牙故事。該州立法機關（與憲法牴觸）堅持認為說其決定就是**明文規定**的法律，這種立場讓真、假判決之間沒有了區別。正如英國政治家柏克（Edmond Burke）所說：「因為，如果是判決訂立了法律，而不是法律引導出判決，那麼就不可能有所謂的非法判決。」一項法律良善與否，不僅是因為其是由立法機關的訂立促成，也是因為該立法機關有道德上的義務，只能制定良善的法律。

有越來越多南方的立法機構，制定的法律都是投機或便宜行事，不符合正義。它們產出偏頗的法律，難以取信文明社會。即使經過更高層級法院的檢驗及判定，認定這些法律不合法，但在某些情況下這些法律仍被強制執行，原因是「它們還在待審案件的清冊上」。

人們不再訂閱他的報紙。廣告也泡湯了。接待我的主人，只不過是為了爭取公平或他所稱的「文雅」而進行倡議，卻導致他的老朋友們因為受到社會壓力影響而搖擺不定，甚至背叛他。他開始接到電話，說他是「該死的愛黑鬼、愛猶太人、共產主義者的混蛋」。不管去哪裡，他都帶著槍。

「我的反應就像以前一樣，也和日後非常多時刻相同。我非常沮喪，沮喪到我走進家裡的房間，坐在床緣，像嬰兒般哭泣。」

這是一份很奇怪的手稿。在最深刻的個人悲劇中，他陷入經濟危機，卻寫了許多精彩有趣的專欄。他最厲害的寫作手段是採取「真正南方人」的觀點，再把它變得很荒謬，表面上都是為了捍衛和解釋這樣的觀點。悲劇讓他成為美國文壇最巧妙也最犀利的諷刺作家。《木蘭花叢林》以這些美好的專欄，襯以他最極致的恐怖經歷，形成鮮明對比。它表現一個人生命在最谷底時，卻在寫作上達到高峰；一個悲痛欲絕的男人，卻出奇地滑稽。就像神話中的獨眼巨人（Monoculus），P．D．知道如何嘲弄惡勢力。

他的遭遇，以及其他的「南方叛徒」，譬如哈丁．卡特（Hodding Carter）、伊斯頓．金恩（Easton King）、雷夫．麥吉爾（Ralph McGill）和馬克．埃斯里奇（Mark Ethridge）等人，都說明了這些「真正的南方人」令人欽佩地沒有抱持種族偏見：如果任何白人質疑他們的「智慧」，他就會消滅對方，就如同消滅黑人一樣。

我收起手稿，嘗試入睡。但是陽光照進了我的窗戶。我讀了一整夜。

十一月十五日

我還沒開始打盹，伊斯特就用托盤端了杯咖啡走進我的房間。我昏昏沉沉地問他幾點了。七點半。我的身體好疲倦，但我知道他想跟我討論他的手稿。

那是個奇怪、精疲力竭的一天。我們待在他家裡的辦公室。我喝了好幾杯咖啡，聽著莫札特的五重奏，讀著他刪去的部分原稿。有好幾次，我試著請他把一些刪掉的部分加回來。但這一切實在很瘋狂。我昏昏欲睡，專心聽著美妙的音樂，試圖一邊讀稿，一邊聽P．D．講話——他滔滔不絕，內容妙趣橫生，每隔五分鐘他還會停下來說：「好吧，我現在閉嘴，讓你專心思考。但是麥克斯有沒有告訴過你——」然後他會接著說下一個故事。

「我星期一本來應該去迪拉德演講的。」他傷心地說道。

「你要去嗎？」

「沒有……山姆．甘迪院長（Sam Gandy）邀請我去時，我拜託他讓我再延期幾天。我告訴他我正忙著寫這本書。而那個善解人意的狗娘養的竟然就**同意**了，一點也不堅持，只說『當然，P．D．，書優先。我們之後再找你吧』，這真的很傷感情。」

「哎呀，他只是一番好意。」

「好意，該死的。」他露出痛苦扭曲的表情。「他完全沒有因為我要延期而表現出半點失望。好啦，你就待到星期一，我可以開車送你回紐奧良。我可以順道拜訪他，讓他知道說如果他懂得最基本的人情世故，堅持邀請我去的話，我本來也是可以配合的。」

我們工作了一整天，整理他的檔案。他把所有的研究素材、充滿仇恨言論的小冊子、新聞剪報、信件和其他物件都堆在我的床上，讓我晚上可以研讀。我們中間會停下來休息，去看看他的妻子比莉和他們的小女兒凱倫（Karen）。凱倫知道我來自德州並住在農場，就稱我為「那個富有、禿頭的德州牧場主人」。除了與兩個猶太家庭往來以外，他們完全被哈蒂斯堡的社會所排斥。比莉下午大部分的時間都在附近的一個池塘釣魚，過得很孤單。凱倫則是一個很漂亮的金髮孩子，與我的女兒同齡，而且跟她很像——聰明伶俐，直率而溫柔。凱倫和她的父親總是為了電視節目而吵架。我不太能了解，只知道他們的爭執很冗長，而且兩人都不斷指責對方，只是傳統的角色顛倒了。她不同意父親這麼熱衷看西部片和兒童節目，而他則堅持說上帝允許他觀看他「最愛」的節目。

我大約在十一點的時候和他們道晚安，打算要睡了。但是P．D．放在兩個床頭櫃上的資料讓我非常著迷，我遂研讀了一番並做筆記，直到天亮才入睡。這些資料全都是關於伊斯特所謂的南方「屁話文化」，其蒐集的完整度令人驚異。這些資料顯示，最粗俗的人不是那群盲目吶喊的種族主義者，而是支持他們的衛道人士。這些人「發明」了各種立法提案和宣傳公報，蓄意扭曲事實，總是以愛國主義為幌子，去影響那些無法查核事實的人民。他們的呼籲符合當地利益，對良心的自由不屑一顧，而且還想要去破壞、顛覆傳統上這片土地重視的最高價值。

十一月十六日
紐奧良

雖然搭巴士從紐奧良到哈蒂斯堡的車程似乎遙遙無盡，但搭著P．D．的車，我一下子就回到紐奧良了。P．D．帶我到迪拉德大學，這是紐奧良兩所黑人大學的其中一間。寬敞的校園綠意盎然，有一棟棟白色建築，長長的松蘿則一綹綹垂掛在高大的樹木之上。我們必須緩慢行駛，因為校園中每十二或十五公尺就設有水泥減速丘，如果車速太快，車子就會劇烈震動。P．D．咒罵著這些有錢人，用典型「南方白人」的說法道：「你有看過讓一群『黑鬼』有這麼他媽美麗的校園嗎？他們實在越來越囂張了。」

他把車停在校區內的教職員宿舍旁，然後我們進去見山姆．甘迪院長。院長是個英俊、富有修養的知識分子。他剛旅行回來。P．D．在介紹我們互相認識之前，就立刻開門見山地吐苦水，想知道為什麼甘迪院長沒有堅持讓他今天來學校演講。

「但是你告訴我說你實在太忙了啊，」甘迪笑了，「我們當然想要你來，但是……」

經過院長的一番安撫後，P．D．和我將我的計畫透露給院長和他美麗的妻子知道。院長稍後在辦公室有約，所以我們討論的時間很短，但我答應會再來拜訪，與他分享我的發現。我們回到車子邊，P．D．小心翼翼地而且很誇張地假裝要打開上鎖的車門。

「P．D．，你在如此偏僻的地方把車子上鎖，你到底在想什麼啊？」甘迪問。

P．D．看似眼神飄忽、不信任，他環顧四周，然後故意用在場所有人都能聽見的聲音低語道：「啊，你看這四周都是些該死的黑鬼啊，你知道的……」

甘迪又好氣又好笑，前仰後合。他問P．D．密西西比州的投票情況如何，於是P．D．說起了一個黑人去登記投票的故事。受理申請的白人要他接受讀寫能力的標準化測驗：

「美國憲法的第二十三段第一行是什麼？」他問。

申請人完美地回答。

「說出美國的第十一任總統及其整個內閣成員的名字。」

申請人正確地回答。

最後，那個白人無法考倒他，問道：「你會讀、會寫嗎？」申請人寫了自己的名字，然後那個白人遞了一份中文報紙來測試他的閱讀能力。他花了一段時間仔細研究。

「那，你會讀嗎？」

「我讀得懂標題，但看不懂內文。」

白人難以置信地說道：「你能讀懂那個標題？」

「噢，是的，我懂它的意思。」

「它說什麼？」

「上面說，密西西比州有一名黑人，他今年無法投票。」

伊斯特讓我在紐奧良鬧區的運河街下車。我在附近的黑人餐館吃了豆子和米飯，然後出發去巴士站買車票，打算再去一次密西西比州。這次我要去比洛克西（Biloxi），一座沿海城市。我沒看到幾天前那位仇視我的女售票員。距離發車時間還有三個小時，我就在運河街上走走逛逛。聖誕節的裝飾點綴著街道。我在人群中感到很迷惘。那是一個涼爽、陽光照耀的下午。我看著進進出出商店的孩子，他們大多數都很高興能見到聖誕老人，而這令我強烈渴望想要見到自己的孩子。

我再一次地在街上攔下行人，詢問去法國市場或某座教堂的路線，然後每個人都一如往常、客氣地回答我。儘管存在種種不平等，我還是喜歡紐奧良。也許是因為我很害怕又要再次離開這裡，進入深南方；也可能是因為畢竟這邊比密西西比州好太多了——不過我也知道路易斯安那州的其他地方根本沒有好到哪裡去。

在耶穌會的教堂，我拿起了一本我在甘迪院長咖啡桌上看過的小冊子——羅伯特・古斯特（Robert Guste）神父所撰寫的《獻給善良的人》（*For Men of Good Will*）。封面上還用紅字寫下了「種族正義」幾個大字。我走出教堂，站在陽光下，留意到路過的人靠近教堂時，若不是提起帽子，就是在胸前隱隱畫一個十字。我翻閱內頁，讀到這本書的獻辭：

獻給我的父親和母親，以及無以計數的南方父母和教育者——他們誠摯地向孩子與學童灌輸對所有人的愛，並尊重每個人的尊嚴和價值。

古斯特神父是紐奧良總教區的教區神父，在南方出生長大。寫這本書是為了幫助那些對「那個問題」深感恐懼的「善良的人」釐清種族正義的問題。

我快速看過全書，並下定決心之後要從頭到尾詳讀一遍。突然間，我發覺站在這裡的我既奇怪又顯眼——一名高大的黑人，站在教堂前，沉浸在一本關於種族正義的小冊子中。我趕緊將它放進我的夾克，然後走到灰狗巴士站去等車。

在洗手間裡，我看到垃圾桶旁的地板上躺著一條法國麵包的殘骸，道出了一個窮鬼跑到這裡，把自己關在小隔間內，吃掉半條麵包當一餐的故事。這個小小的洗手間非常乾淨，只是門後貼了一張公告。我看到公告上以整齊的字體寫著「注意！」，然後才發現這只是一張價目表，上面列出白人付錢就可以與各種年齡層的黑人女孩進行的各種性交易。白人經常會走進黑人的洗手間，用膠帶把這些告示貼在牆上。至於我眼前這則公告，張貼它的男人免費為任何二十歲以上的黑人女性提供服務，其餘年齡則以不同比率支付報酬，從十九歲女孩的兩美元到十四歲女孩的七十美元，年紀越小，酬勞越高，而性變態約會的費用又更高。他還附上了可以在傍晚時間與他見面的地點，並鼓勵任何想賺五美元的黑人男子，根據價目表幫他找個約會對象。我看著掉在地上的麵包，心想他這招應該會有用。對於一個只能在公廁吃麵包、頂多再加上一塊乳酪的人，五美元是個大數目。我揣想著這位在這裡留下行跡的黑人的事。他是什麼樣的人？流浪漢？不，流浪漢留下來的會是空酒瓶。或者說，他是一個找不到工作，又餓得發慌的人？有可能。如果天主教書店裡的那個女人拒絕幫我兌現旅行支票，或許我也會淪落到一樣的境地。但讓我非常驚訝的是，他沒有把吃剩的麵包一起帶走。也許他也看到了門上的告示，指望著五美元能讓他吃上一頓更好的晚餐。

我擦乾雙手時，一名年輕人走進來。他禮貌地點點頭，表情機敏。他看了告示一眼，對其嗤之以鼻，似乎覺得既諷刺又好笑。在這些事情上，黑人看著白人不為人知的另一面；他們已經看得太多，早就不足為奇。每當黑人看到白人道德上的缺點昭然若揭時，他就會有種耽溺的優越感。這也是當他被白人視為次等時，總會感到憤怒的原因之一。他無法理解白人為何能夠一方面表現出他性格中最卑鄙的一面，又同時自以為是地認為自己先天優越。

對於看到白人本質中這個面向的黑人而言（而且他們比誰都更常看見），白人指控黑人「不道德」的評斷是如此極端地空洞無憑。

被惡夢追趕

十一月十九日
密西西比州及阿拉巴馬州

我搭巴士抵達比洛克西的時間已經太晚了，來不及聯絡任何黑人。我只好遠離海灘，冷得半死地睡在一個簡陋且沒有門的鐵皮小屋裡，門口朝向南方。早上的時候我在一個小小的黑人餐館弄到早餐——有咖啡和吐司，然後就走到高速公路上，設法搭便車。沿著我所見過最壯觀的海灘，公路綿延數公里，一望無際——有著白色的沙灘和美麗的海灣。海灘的另一側則是華麗的豪宅。太陽讓我的身體暖和了起來。我不急著趕路，因此可以悠閒地停下腳步，研究沿路上設置的歷史解說牌。

我在路邊的一家店裡買了約五百毫升的牛奶和一個打包好的肉醬三明治當作午餐。我拿著我的午餐，走到沿著海岸堤防修築的步道上吃。有個當地的黑人停下來跟我說話。我問他海灘看起來這麼美，是不是很適合游泳？他告訴我，沙灘是「人造的」，沙子是被鋪上去的。但由於黑人被禁止進入海灘，所以除非偷偷溜到某個偏僻的地點再下水，否則就無法得知海域可否游泳。他指出這項政策很不公平，因為海灘的維護經費其實來自汽油稅。他說：「換句話說，每次我們購買約四公升的汽油，我們就要付出一美分來維護海灘，好讓白人能使用。」他接著補充，有些當地的黑人居民正在考慮一項對策，要來記錄他們全年購買汽油的金額，等到年終的時候，再向城鎮的官員要求退還汽油稅，或是討回使用海灘的應有權利，因為他們也分擔了部分款項。

過了一些時間後，我又再度上路，但雙腿早已累得走不動了。一輛汽車停靠在我旁邊，車裡一名年輕的紅髮白人叫我「坐進來」。他的眼神和善有禮，說話語氣沒有一絲傲慢。我開始希望是我錯估了密西西比州的人民。我抱持這種渴望，不願放過他們所展現的任何一絲善意，想要為他們說些好話。

「這地方真美，不是嗎？」他說。

「美極了。」

「你只是路過嗎？」

「是的，先生……我要去莫比爾。」

「你從哪來？」

「德州。」

「我來自麻薩諸塞州。」他說道，彷彿急切地想讓我知道他不是密西西比人。我因此感到極度失望，抹去心中原本擬好要稱讚密西西比人很友善，竟讓黑人搭便車的對話橋段。他告訴我說他完全無法苟同所謂的「南方態度」。

「看得出來。」我說。

「但你知道，就其他方面而言，他們有些人真的是世界上最優秀的。」他補充道。

「我確信他們是。」

「我知道你不相信，但這的確是事實。我就只是完全不和他們談論種族問題。」

「看你的態度，我可以理解這一點。」我笑道。

「他們無法討論這個議題，」他說，「這很遺憾，但是只要一提起，他們就只會生氣。我住在這裡已經五年多了。他們是好鄰居。但如果我帶著對黑人的同情提到種族問題，他們只會說我是『局外人』，一點也不了解黑人。但還有什麼好理解的？」

我走了多遠？大概十六還是二十四公里？我之所以繼續走路，不僅是因為我不能就坐在高速公路的中間，更是因為除了走路，我沒有別的事情可以做。

接近傍晚的時候，我很疲倦，思緒模糊。我把所有的氣力專注在雙腳，努力一步接著一步向前走。汗水淌進我的眼睛，衣服也濕透了。人行道的炙熱從我的鞋底透了進來。我記得我在一個冰淇淋攤停了下來，買了一份冰淇淋，就只是為了有藉口可以坐在樹下的桌子旁休息。這裡沒有其他顧客，但我拿起冰淇淋要找位子坐的時候，有幾個白人少年出現並坐了下來。我連坐到離他們較遠的桌位都不敢。失望的感覺讓我無比難受，最後只能倚靠著一棵樹吃冰淇淋。

冰淇淋攤的後方有一間老舊、未上漆的廁所，而且嚴重傾斜。我回到了攤位的窗口。

「啊，先生，」一名白人溫和地說，「你還需要別的東西嗎？」

「請問我可以使用的最近的洗手間在哪裡？」我問。

他將他沒有帽緣的白色廚師帽向後輕推，用食指擦過流汗的額頭。「我想想，你可以從那裡上橋，下了橋後走左邊那條路……沿著那條路走，你會走到一個小鎮，那裡有一些店家和加油站。」

「有多遠啊？」我問道，假裝我好像非常不舒服，遠比實際情況更嚴重。

「不遠，大概就十三、四個街區的距離。」

附近橡樹上的蝗蟲懶洋洋地發出刺耳的鳴聲，劃過空氣。

「沒有近一點的地方嗎？」我說道，決定看看他是不是會拒絕提供我使用後面那個幾近倒塌的屋外廁所。那個廁所已經被時間和風雨毀壞到幾乎不堪使用，人也無法對它造成什麼破壞了。

每個人都能理解這種困境。他那充滿皺紋的臉表現出一個人對另一個人的關心和同情。

「我想不起還有什麼地方……」他緩緩地說。

我朝那間屋外廁所瞥了一眼。「能不能讓我用那裡？只要一分鐘就好。」

「不行，」他非常乾脆、決絕而柔和地說，彷彿他感到抱歉，但也無法允許這樣的事情發生。「我很抱歉。」他轉過身。

「還是謝謝你。」我說。

到了天黑，我已經離開海邊，進到鄉間。奇怪的是，開始有人讓我搭便車。人們在白天經過時不搭理我，但天黑後就肯讓我上車了。

那天晚上我肯定搭了十幾次便車，過程模糊，全都混淆成同一場惡夢。

我很快就明白為什麼他們讓我搭便車。除了兩個人以外，其餘時候，他們就像是拾起色情圖片或書刊般讓我上車——唯一的差別在於他們這次撿起的是能說會道的人。對待黑人，他們認為自己無須表現出任何尊重自己或值得被尊重的模樣。視覺上也產生影響。晚上在車內的能見度比較低，讓人有種隱匿的幻覺，所以相較於光天化日之下，人們更願意在黑暗中揭露自己——有些人無恥地坦白，有些則是無恥地含蓄，但每個人都表現出對於黑人性生活病態的好奇心，而且都是基於對黑人特定的刻板印象——認為黑人像是不知疲倦的性機器，生殖器比常人大，性經驗豐富多元。他們似乎都認為黑人做了所有他們自己從來不敢做的那些「特別的」事情。他們把對話帶入了墮落的深淵。

我注意到這些事情，是因為我感到很震懾——看起來很正派的男人和男孩，竟然就只因為對方是黑人，就覺得沒有必要閉嘴。即使面對最墮落的白人，人們出於尊重，有些話也不會說出口。我之所以會注意到，也是因為這與男人之間習以為常的「隨意閒聊」完全不同。在那種「隨意閒聊」的情況下，無論大家有多麼口無遮攔，說起話來通常都會帶有一種堅定的口吻，像是在說：「我們是男人。這是一件做和討論起來都很起勁的事情，但它絕不會損害我們給予彼此的基本尊重，也永遠不會扭曲我們的人性。」在這種情況下，無論話題多麼粗鄙，對話都具有一種感染力和不可或缺的快感，可以消弭那種病態感，並意味著對於所有關係人的尊重。但在這裡，我看不到男人對他們自己或同伴的尊重。

我感到昏沉，相當疲倦，開始覺得這些談話醜惡至極。每次下車以後，我都希望下一個讓我搭便車的人能放過我。我保持沉默，以疲憊和睡眠不足為藉口，要求對方見諒。

我會說：「我太累了，真的無法思考。」

有些人一旦決定要找點樂趣，就絕不容許自己被對方拒絕。他們就像是那類人。為了得知我的性愛回憶，而一直想撬開我的頭蓋骨，展開了一種奇怪的獵奇。

「好吧，那你曾經做過這樣、那樣的事嗎？」

「我不知道……」我呻吟回答。

「怎麼回事？你沒有男子氣概嗎？我老爸告訴我，你沒有做那些事的話，就稱不上真正的男人。」

有些年紀大一點的人在談到好色之事時，則帶有老練、嘲諷的語氣。「好啦，別騙我了。我可不是昨天才出生的。你知道，你跟我一樣，做過這些有的沒有的事。該死，那些事真的很棒。告訴我，你有沒有碰過白人女人？」

「你以為我瘋了嗎？」我默默地否認種族主義的論點，否則之後他和別人聊天時，會毫不猶豫地利用這點攻擊黑人：「怎麼樣，就在昨天晚上，我讓他們其中一人跟我承認說他渴望白人女人。」

「我沒有問你是否瘋了，」他說，「我是問你是否曾經，或者真的很想要和白人女人發生關係。」然後，他用一種不懷好意、甜膩的口吻說：「有很多白人女人會希望有一個黑人漢子。」

「黑人如果和白人女人打交道，根本是自討苦吃。」

「你只是這麼告訴我，但我打賭你內心想的不一樣——」

「這地方真的很美。主要出產的農作物是什麼？」

「**你不知道嗎**？你告訴我啊。該死，我才不在乎。」

「不，先生。」我嘆了口氣。

「你睜眼說瞎話，你自己也知道。」

一陣沉默。不久之後，他猛然地停下車，開口說道：「好吧，我只能載你到這裡。」他說起話來像是很氣我不合作的態度，拒絕讓他得到這種怪異、言語上的性快感。

我感謝他讓我搭車，接著下了車，回到高速公路上。他則繼續朝同一個方向前行。

很快地，又有另一人招呼我上車，是一名將近三十歲的年輕人，講話的方式好像很有學問。他的提問有種虛偽的莊重感，像是學者在尋找資料，但尋找的資料盡是關乎性慾，而且已經預先假設黑人在貧民窟的生活就好比與眾多伴侶的性愛馬拉松，而且可以公諸於世。簡而言之，對婚姻的忠誠以及與所愛之人兩情相悅終至結合的概念，乃是白人獨有的觀念。雖然他裝得好像他是對種族優勢之類的想法不屑一顧，並真誠溫暖地和我說話，但他的每一句話背後，都明顯充滿先入為主的想法。

「我了解黑人對這類事情的看法比較開放。」他溫暖地說。

「我不知道。」

「我發覺，比起我們，你們更把性愛當作是一門藝術，或是一種**嗜好**。」

「我很懷疑。」

「嗯，你們的人似乎不像我們有許多的束縛。我們基本上都是清教徒。我知道在性愛上，黑人比我們更多方嘗試——像是不同形式的性愛。噢，請別誤會。我很敬佩你們的態度，我覺得基本上比我們更健全。你們不會碰上這麼多該死的糾葛。黑人很少發神經，對吧？我的意思是你們在性方面的傳統觀念更實際，不像我們這樣與現實脫節。」

我知道他真正的意思是，黑人從嬰兒時代就看著這些事情長大。他讀到的還是那些老故事，還是那些內容如出一轍的社工報告，提到父母與孩子同住一個房間，父親喝醉回家，在幼童的注目之下強迫母親上床。想到我作為黑人以來，認識了不少黑人家庭，我真的很想當面嘲笑他：街上或貧民窟的男人、家庭主婦們，他們對孩子「正確長大」一事，莫不深切關心。

「你們認為性是一種**全面**的體驗，本來就是應該如此。對你們來說，任何讓自身感覺良好的事情在道德上都是恰當的。這不就是你我之間最主要的差別嗎？」

「我不認為你我之間有任何差別。」我謹慎地說道，不想測試他如果發現黑人不同意他所說的而發怒的可能性。

「你**不認為**嗎？」他的聲音流露出興奮和渴望，沒有任何被冒犯的跡象。

「我們的神父和你們的一樣，講述罪惡和地獄，」我說，「我們擁有與你們相同的清教徒背景。我們和白人一樣擔心我們的孩子失去童貞或被逼上歪路。對於自己的性能力，我們也有同樣悲哀的煩心事和問題，懷抱與你們一樣的罪惡感。」

他顯得又驚又喜——不是對我所說的內容，而是因為我居然可以用言語表達出來。他彷彿用全身的熱情喊道：「哇，你竟然可以侃侃而談！」他太遲鈍了，以至於他沒有意識到他的驚訝其實透露出對黑人的侮辱，以為黑人只會說「是的，先生」，並吞吞吐吐地拼湊出幾個簡單的字彙。

他提出的問題與那些白人問的幾乎沒有什麼不同。他特別像那些學者們，總採取一種超然客觀的態度，討論文化差異。不過，他的口吻更巧妙、含蓄。他漫不經心地繼續禮貌性的探究，卻無法掩飾真正的意圖。他問到黑人生殖器的大小以及黑人性生活的細節。他所談及的內容和前人沒有兩樣，只是用字遣詞有所不同。另一個差別在於，我可以不同意他的說法，不必冒著遭受一頓辱罵或情緒失控所帶來的危險。他引用了金賽（Alfred Kinsey，編按：二十世紀美國性學專家）和其他人的觀點。我漸漸看出來他是那種腦中裝著大量資訊的年輕人，但這些資訊卻沒有半點是真相。這再度顯示這次談話毫無意義，也沒什麼好說的，但唯一值得一提的是：我曾以白人身分和這些白人有非常多次的對話，而他們從來沒有流露出這邊所洋溢的好色之情。重點在於，我的黑人特質，以及他對我的黑人特質的解讀，讓他覺得可以用這種方式自我揭露。他把黑人看作是不同的物種。他把我看作像是某個動物，覺得在我面前，他無須維護自己的人格尊嚴。不過他當然會否認這一點。

我告訴自己，我很累了，不應該再去評斷這些讓我搭便車的人。就把忍受他們對生活的幻想，當作搭便車的代價。不過他們向我吐露的，是所有人都想說卻很少說出口的事，畢竟大多數的人都追求健全的生活。那個男孩後來要我在他面前脫衣服，說他從未看過黑人的裸體。我瞬間說不出話來，身體向內蜷縮，不再回答。沉默在我們之間震顫。我為我在無聲之中對他的訓斥感到很抱歉。我不希望對他這麼殘酷，因為我知道他向我展示出性格特別的一面，其實全是那個特別的夜晚和情境使然，他鮮少在日常生活中展現那一面。我凝視著昏暗的汽車儀表板，彷彿看到他參加阿姨的葬禮，與父母共進晚餐，為朋友著想——這都是因為他是個友善的人。我如何讓他知道，我理解並且依然尊重他，而且我不會因為這個一時的過失而對他有所指責呢？他可能不會認為，我是在無可奈何的情況下對他寬容以待，而是會認為這次互動證實了黑人漠視性變態，認為黑人對此無感——而這將進一步加強長期以來讓黑人陷入困境的刻板印象。

「我不會對你怎麼樣，」他語帶羞恥，生硬地對我說，「我不是酷兒也不是什麼別的。」

「當然不是，」我說，「沒事的。」

「只是我從沒有機會跟受過教育的黑人交談——我指的是有能力回答問題的人。」

「你把事情變得更複雜了，」我說，「如果你想了解黑人的性道德，包括性行為和觀念，這些都不是秘密。這些都是人性的一部分，而黑人和白人都是人。只需自問白人的情況為何，你就會知道所有答案。黑人敗類與白人敗類一樣。正派的黑人也和正派的白人差不多。」

「但存在著差異。我讀過的社會研究——」

「社會研究並不探討黑人與白人之間在人性方面的基本差異，」我說道，「他們只研究環境對於人性的影響。你把白人放在貧民窟中，剝奪他受教育的機會，讓他要痛苦掙扎才能活得有自尊心；剝奪他身體的隱私，讓他沒有休閒時間。這樣經過一段時間以後，他也會產生你所附加在黑人身上的特質。這些特質不是根源於黑人或白人的本質，而是導因於人所身處的環境條件。」

「是的，但是黑人有更多的非婚生子女，更早失去童貞、更高的犯罪率——這些都是既定的事實。」他沒有惡意地堅稱。

「白人的種族也存在相同的問題，這就證明了那些不是黑人的特質，而是人之所以為人的產物，」我說，「當你強迫一個人接受次等的生存方式——這種事情總是再三發生——再剝奪他所有使精神歡愉的機會，他自然會完全陷入肉體歡愉之中。」

「但是我們沒有剝奪你們這些人的『精神歡愉』。」他說。

「在大多數的地方，我們無法去音樂會、劇院、博物館、公共演說……甚至連圖書館都不行。儘管南方的白人學校也很窮，但我們的學校還是遠比不上白人學校。你剝奪人的教育機會，他就無法認識藝術、歷史、文學、哲學等對於文明的重大影響。許多黑人甚至根本不知道這些事物的存在。一旦提升他們的心智或讓他們打起精神的機會趨近於零，任何人都將往最底層沉淪。這變成惡性循環，而且也很悲哀。」

「我無法想像這種情況，」他說，「我不認為這是公平的。但同樣地，許多白人也無法接觸這些事物——藝術、歷史、文學和哲學。我認識一些最優秀的人，他們住在鄉下，也從未去過博物館或音樂會。」

「他們生活在鄉下，生活周遭就有天然的博物館和音樂會。」我說，「此外，那些門總是向他們敞開。黑人也是這樣，在鄉下過得比較好，但是大多數人都沒有受過教育。無知讓他們持續貧窮。譬如，住在城市的貧窮黑人就居住在貧民窟。他的妻子通常必須工作，孩子因此沒有父母的陪伴。在這樣的地方，當人們全部的時間都花在求生上，他哪裡會懂得讀到一本好書的意義何在。他長大了，然後看到他的孩子也在骯髒的環境中長大。他妻子的收入通常比他高。他渴望成為一家之主。當他看著自己的孩子和他的家時，他會感到很內疚，難過自己無法給他們更好的。他唯一的救贖就是變得對一切滿不在乎，否則他會陷入絕望。絕望會讓一個人的道德感變得遲鈍。他再也不管了。他會做任何事來逃避，他會偷竊、行兇，或者嘗試讓自己迷失在肉慾之中。大部分的性愛大王通常只是可憐蟲，試圖證明自己的男子氣概，因為他的其他生命經驗都否定了他。這就是白人所說的『可憐的黑鬼』。不久後，他若不是離家棄子，就是因為家人對他忍無可忍，將他一腳踢出去。結果母親就要獨自養育小孩。為了讓孩子溫飽，她不得不將大部分時間都花在工作上，將孩子留在街頭小巷，成為被觀看、對話和性實驗的獵物，而這一切反而讓孩子覺得生活變得比較有趣或愉快。對於一個一無所有、一無所知的年輕女孩來說，只要答應與男人或男孩發生關係，就可以得到心之渴望——不論是曖昧的感情、禮物或金錢，對她來說都好比玩具之於孩子。她有時會懷孕，然後就開始了新的惡性循環。在某些情況下，母親的收入不足以撫養孩子，她就出賣自己的身體，看可以得到多少酬勞。這變得越來越容易，直到她又得墮胎，或生下另一個待撫養的孩子。但這一切都不是『黑人特質』。」

「我不知道……」他嘆了口氣，「看起來我們可以做得更好。」

「從你的立場來看是這樣，因為你看得到怎麼樣會更好。黑人雖然知道現實出了嚴重差錯，但身處其中的他，無法得知工作和學習的另一面存在著什麼更好的生活。我們出生時都是一張白紙。黑人、白人或任何其他膚色的人都是一樣的。但是塗在你白紙上的東西，和塗在那些於骯髒且貧窮的貧民窟中長大的孩子白紙上的事物，卻是大不相同。」

他在雷陣雨中駕車前進，全程不發一語。大雨落在擋風玻璃上，使得視線模糊不清，而濕滑的地面更使車輪輾底的聲音隨之變得尖銳。

「但是情況正在改變，」過了一段時間後，我接著說，「黑人可能不知道確切來說**該怎麼辦**，但他知道一件事——唯一能夠終結這場悲劇的途徑就是透過教育與訓練。數以千計的人犧牲一切來爭取教育，就是要證明黑人和任何人一樣，有同等的學習和獲得成就的能力——證明膚色與智力、才華或美德都無關。這不只是一廂情願的想法，在各個領域都已經有確鑿的證明。」

「我們沒有聽說過這些事情。」他說。

「我知道的。因為南方的報紙報導了每一個強姦、強姦未遂、疑似強姦和『或許是強姦』的案件，黑人的傑出成就則被他們認為不具新聞價值。甚至連南方的黑人都不一定有機會知道，因為他們閱讀同樣偏頗的報導。」

我們抵達一座小鎮，那個年輕人慢慢把車停下來，讓我下車。他說：「剛剛的事我很抱歉，我不知道自己是怎麼回事。」

「我已經忘記了。」

「沒有冒犯的意思？」

「沒有冒犯的意思。」

「那麼，祝你好運。」

我向他道謝，接著踏上反射霓虹燈光的潮濕地面。空氣很涼爽，儘管霧氣瀰漫，卻令人感覺一片清新。我看著他汽車的紅色尾燈逐漸消失遠去。

我還來不及想是要坐下來還是買份三明治吃，就有一輛老舊的汽車對我按了喇叭，向我前方駛了幾公尺遠後停了下來。阿拉巴馬州雨夜的氣味，加上碰到一連串的怪事，讓我頓時對這個陌生人的需求心生恐懼，覺得很噁心。但是我別無選擇。這裡沒有提供住宿的地方。

「你要去哪裡？」他問。

「莫比爾。」我說。他叫我上車。透過搖下了的車窗，我瞥見一個身形魁梧、圓臉、看似強悍的年輕男子。

我們開著車，緊張情緒逐漸從我身上消失。他說話很大聲，活潑且直率。我只能斷定他是色盲，因為他似乎完全不知道我是黑人。他只是喜歡有人陪伴，僅此而已。他告訴我說他是一名建築工人，今天晚上要回去陪妻子和稚兒相聚，但他遲遲未歸。「我沒辦法發動這輛該死的老爺車，」他說道，「我把好車留在家裡給我的太太。」

整整一個小時，我們都很開心地談論我們的小孩。當父母的經驗讓他滿懷熱情，他不斷述說他兒子無數的優點，也要我告訴他關於我孩子的事情。

「我覺得我沒辦法不吃東西就開回家裡，」他說，「平常我都六點前回到家，那時候我的妻子已經把晚飯擺上餐桌了。你吃過晚餐了嗎？」

「不，我當然還沒有。」

「要不要一個漢堡？」

「我不認為這裡有任何地方願意服務我。」

「該死，那我買了帶回車上。我們可以一邊吃，我一邊開車。」

我看著他走進路邊的餐館。他看起來很年輕，不超過二十歲。我心想，他是如何擺脫南方黑人與白人相處時經常存在的、習慣性的防衛態度。在我所接觸的黑人與白人中，他是我遇到的第一個人，能不將事物的本質和大眾對該事物的理解相互混淆。

我對他是從哪裡養成這樣的特質感到好奇，希望能在前往莫比爾的途中，試圖了解他這種態度的根源。他的身世、學歷和家庭都很普通。他興致勃勃地聽著汽車收音機播放的帶有鼻音、以方言歌唱的藍調音樂。他喜歡的電視節目是西部片。「哦，該死，我無法看那些古老沉重的電視劇。」也許是他的宗教信仰很特別？「我的妻子是長老教會的。有時我和她一起去，但我沒有很喜歡。」也許是他讀的書？

「莫比爾有好的圖書館嗎？」

「說實話，我不知道。我想應該還不錯。我的妻子讀很多書。」

我只能斷定他的態度來自他對孩子無與倫比的愛。這份愛是如此深刻，因而讓所有的人雨露均霑。我知道他完全沒有意識到，自己的這份愛能療癒人心，足以在阿拉巴馬州的雨夜，帶給像我這樣精疲力竭、心靈受創的人祝福。我想起哲學家馬里旦的結論，即解決人類問題的唯一方法就是回歸仁慈（這裡指的是古老拉丁文裡的「慈愛」〔caritas〕，而不是我們的語言和時代狹隘定義的「慈善」），並回歸形而上學。或者，更簡單地採用聖奧古斯丁

（St. Augustine）的格言：「有愛，你就可以隨心所欲。」

生活在一個人們沒有愛、冷酷並彼此欺騙的世界，會讓人自取滅亡，並看到除了美德以外，任何事物都是徒勞的。當我離開密西西比州，進入阿拉巴馬州時，我覺得我彷彿離開了一座墓地。

由於我對目前的莫比爾知之甚少，我的年輕朋友讓我在市區巴士總站附近下車。在巴士站的對街處，我看到一名黑人老頭坐在路邊附近的門廊上。我走過去坐在他旁邊，隨便聊了一下。他說他在附近一個小小的街頭宣道會傳道。我問他哪裡可以找到過夜的房間。他把頭靠近我，在路燈下，透過厚實的眼鏡鏡片端詳著我。他問我是不是個「好人」後，主動讓我借宿。他告訴我，他和女兒家人同住，就住在房子最靠近門口的兩個房間。

我們買了漢堡當晚餐，然後搭公車回他家，一邊在路上吃。

「雖然房間很簡單，但是歡迎你待在這裡。」他打開門並開燈說道。他的兩個房間只有擺設一架直立式鋼琴、一把靠背椅、一張小桌子和一張沒有鋪床單的雙人床。他待人的方式單純而從容。他撿起滿地的髒衣服和舊報紙時，並沒有表示抱歉。然後，當我打開行李時，他走出房外，並帶著一個大的金屬水盆回來。他不要我的幫助，獨自在屋後把水盆裝滿了水。他主動提議請我洗澡，但看到拖水盆這麼麻煩，我就婉拒了。

他洗澡時，我坐在另一個房間的床上做筆記。牆壁上覆蓋著粗棉布，但從未貼過壁紙。灰色木板從布中間露了出來。他把印有《聖殿中的基督》（*Christ in the Temple*）的日曆釘在床的上方。門框上有一張用大頭釘固定著的全家福照片。他其餘的衣服也掛在牆上。一塊蓬鬆嶄新的米色浴室用地墊鋪在床邊，算是地板上唯一的裝飾。儘管陳設簡陋，但這間房間有著未經裝飾的明亮感。招待我的主人與大多數黑人不同，沒有使用比較經濟型的低功率燈泡，而是讓他的房間很明亮。他走出來時，我聽到了他的腳步聲和水滴在地板上的聲音。

我坐在原地，直到聽到水盆拖過地板發出的聲響。當我走過去幫助他時，他只穿著一條皺皺的卡其褲。我們一起把水盆扛出去，在側邊院子的苦楝樹下把水盆的水倒光。

我們換下衣服，準備穿著內衣上床睡覺。他從外套口袋裡取出了小本的黑色聖經，很自然地在上面吻了一下，然後才把它擱在桌上。我唯一看到的另一本書——或某種形式的讀物——是一本平裝的懸疑故事，豎在鋼琴頂部兩個東方風格的書擋之間。

他等我爬上床，才關掉電燈。我聽到他赤腳走在地板上，感受到他躺進我旁邊床上時身體的重量。一會兒他又起來了。儘管夜晚很冷，他還是打開前門，讓新鮮空氣可以透進來。我聽到遠處的收音機播出舞曲落寞淒哀的樂聲。

「你想說說話還是睡覺？」他回到床上時問道。我的耳朵原本已經習慣外面的廣播音樂，因此他的聲音在黑暗中聽起來離我異常地近。

「讓我們聊一會兒。」我說，並感覺到夜晚的蕭瑟，以及籠罩整個房間的窮苦。但是談話消除了沉悶。他興致盎然地談到了上帝。黑暗中，我們躺在被子裡，談話的聲音從周遭光禿禿的牆壁反彈回來。我們咯咯笑了，開心地談論著奇蹟，對拉撒路（Lazarus）死而復生一事感到驚奇。

「這種事不是每天都有，對吧，格里芬先生？」他說，用胳膊肘輕輕頂我的手臂。「你難道不希望看看他們目睹死者復活時的表情嗎？」他突然大笑起來。「在他死了整整四天之後。萬能的上帝！」

後來我們談到了南方的情況。他已經讓兩個兒子去學習法律。他們再也不會回來了。「如果我在十年前能預知事情將如何發展，我肯定也會離開。我現在太老了。而且我的女兒和孫子們也都在這裡。」

「但是你的兒子肯定會回來看你的。」

「我不希望他們這麼做。他們會回來參加我的葬禮。這是這場天大的玩笑最悲苦的部分。如果年輕人想要過好的生活，就必須去別的地方。所有的家庭都被迫拆散。這是最遺憾的。」

我們提到白人。「就像我們一樣，他們是上帝的孩子，」他說，「即使他們不再尊奉神意行事。上帝清楚地告訴了我們——我們一定要愛他們，**毫無任何附加條件**。為什麼呢？如果我們憎恨他們，就會墮落到他們的水準。我們之中有很多人已經變成那樣。」

「我跟很多人談過，都表示我們已經委曲求全太久了。」我說道。

「儘管如此，你無法迴避做對的事，」他說，「一旦我們不再愛他們，就是他們勝利的時刻了。」

「怎麼說？」

「到了那時，他們肯定會消滅我們這個種族。他們會把我們拖到墮落深淵。」

「那麼，就讓他們繼續橫行下去嗎？」

「不……我們不能再這樣做了。我們應該用正當的方式爭取權利，並嘗試理解他們的難處，要他們改變舊有方式並不容易。我們這邊和白人一樣，也有很多不想要改變的老湯姆叔叔。你只要給他們兩美元，他們就肯做任何事，把我們全部的人打入地獄。他們是我們種族的恥辱。此外我們也有許多自作聰明的年輕人，除了尋找機會『報復』白人以外，他們什麼都不要……他們充滿了仇恨和怒氣。這是上帝的恥辱。他們和湯姆叔叔一樣都是出賣耶穌的猶大。」

一如往常，我們之間的對話也在「這一切都不太有道理」的論調下無疾而終。

十一月二十一日

我在莫比爾待了三天。我花了整整三天在城裡到處走走、找工作，然後每天晚上我都在巴士站對面的街角處和招待我的屋主碰面，回到他家過夜。

和在其他地方的時候一樣，我日常生活的重心都花在解決對白人們不成問題的基本需求上，譬如尋找吃飯的地方、可以喝水的地方、洗手間、可以洗手的地方。我不止一次走進藥妝店，黑人可以在那裡買到香菸或汽水以外的任何東西。我禮貌地問店員哪裡可以要杯水喝。雖然不到三公尺遠的距離就有水，他們總是小心翼翼地導引我到最近的黑人餐館。如果我主動要求要一杯水，他們也許會給，但我從來沒問過。黑人很害怕遭到拒絕。我等著他們主動提供，但從來沒有人這麼做。無論身在何處，最近的黑人餐館總是感覺很遠。我學會了在方便而且手邊有食物的時候盡量多吃一點，因為等到下一次肚子餓的時候，身邊不一定有食物或方便找到食物。我聽說許多傑出的黑人，可能因為工作來到南方，也都遇過類似的困難。世界上所有的榮譽名聲也無法幫他們在廉價低級的餐館買到一杯咖啡。並不是說他們比較想要在白人餐館裡被服務，而僅僅是因為在許多人煙稀少的地方根本就沒有黑人餐館。即便在人口稠密的地區，有時還是要穿過整個城區才能喝到一杯水。同樣令人氣憤的是，黑人被鼓勵在白人的商店中購買任何商品，但如果要在店裡喝杯汽水或使用洗手間，卻都會被拒絕。

不，這沒有道理。對黑人而言，沒有什麼事情是有道理的。我找工作時，也從另一個面向一再地有這樣的體悟。

莫比爾一家工廠的工頭，塊頭大又很粗魯，願意聽我告訴他我能做的工作。然後他看著我，對我這麼說：

「不，這裡沒有可以給你做的工作。」

他的語調不是不客氣，而是一種經常聽得到的、死氣沉沉的聲音。我決意看看能否以某種方式打破僵局，於是我說：「但如果我能為你把工作做得更好，同時你只需要付給我比白人低的薪水——」

「我告訴你……我們不要你們這種人。你不明白嗎？」

「我知道，」我語帶悲傷地說，「只是想試一試。這是人之常情。」

「在我們這裡來這一套沒有用的，」他說，「我們要漸漸淘汰你們這些人，不讓你們霸占工廠裡比較好的工作。進度雖緩慢，但是我們持續進行。很快我們就能達成目標，到時候你們唯一可以在這裡找到的工作都是白人不要的。」

「那我們要怎麼過活？」我絕望地問，小心地不要讓他覺得我在跟他爭辯。

「這就是重點，」他直視著我的眼睛說道，但帶著淡淡的同情，彷彿他後悔隨後說出來的話：「我們將盡我們最該死的全力，把你們每個人都趕出我們這一州。」

儘管他毫不掩飾地表達他的苛刻，但我還是有個感覺，覺得他在說：「對不起，我不是要針對你個人，但你是黑人。現在有些人嚷嚷著要平等，但我們就是不希望你們這些人在這裡。唯一可以讓你們遠離我們的學校和餐館的方法，就是讓你們的生活百般痛苦，讓你們在平等獲得落實以前就逕自離去。」

這種態度經常出現。許多很正派的男人和女人也找不到別的解決方案，導致他們願意自甘墮落，就只是為了阻止傳統工人的地位上升，或者更直言不諱地說，就是為了阻止黑人「獲勝」——即便黑人所贏得的勝利其實從出生的那一刻起就屬於他們：生而為人的權利。

整個下午我都在莫比爾的街道上走著。年輕的時候我就來過這座城市，我曾從這裡出發航行至法國。當時的我是有特權的白人，這座城市讓我留下深刻印象，它是一個美麗、寧靜而優雅的南方港口。我曾看到黑人碼頭工人，裸露著上半身、扛著貨物，汗水讓身體閃閃發光。那個景象曾給我一股寒意，讓我很同情那些有如馱獸般的男人。但我當時沒有多想，而是把它當作是自然秩序的一部分。我認識的南方白人都很善良而明智。如果他們允許這樣的事情發生，那麼肯定沒有錯。

現在，以黑人的身分走在同樣的街道上，我看到的不是我過去熟悉的莫比爾，一切都很陌生。工人們仍然過著馱獸般的生活，但是那些優雅的南方人、聰明的南方人、善良的南方人卻不見蹤影。我知道如果我是白人，我一眼就可以看到他們，因為他們的那一面是只給白人看的。那並非一張虛假的面容，只是與黑人所看到的截然不同。黑人在白人臉上看到的是，他們想驅逐除了馬、牛等馱獸以外，所有的黑人同胞。

我得出的結論是：就像其他的一切，黑人和白人對於這個地方的氣氛有著完全不同的感受。在同一個地方，黑人所見不同，反應亦異；這不是因為他是黑人，而是因為他遭到壓迫。因為恐懼，連陽光都變得黯淡。

十一月二十四日

我準備搭便車前往莫比爾和蒙哥馬利之間的鄉下沼澤地。這是個陽光充足又涼爽的一天。

我走了好幾公里後，一名面容和善的男人駕駛一輛輕型卡車經過。他停了下來，叫我上車。我打開車門，看到一支獵槍豎立在副駕駛座，緊貼著他的膝蓋。我想到阿拉巴馬州有些白人把獵「黑鬼」當作一種運動，不禁有些退縮。

「上來吧，」他笑道，「那是要獵鹿用的。」

我再次看了一眼他那張泛紅的臉。他看起來很正派，我遂坐進他身旁的皮革座椅。

「你在這邊搭便車的運氣好嗎？」他問道。

「不好，先生。你是我從莫比爾出發以後，第一個讓我搭車的人。」

我得知他已婚，現年五十三歲，孩子都已經長大成人，是兩個孩子的祖父。聽他說話的語氣，我確信他是一位活躍的公民領袖，也在社群之中受到尊敬。我開始希望自己是遇到了一位高尚的白人。

「你結婚了？」他問。

「是的，先生。」

「有小孩嗎？」

「是的，先生。三個。」

「你的妻子漂亮嗎？」

「是的，先生。」

他停頓了一下，然後輕鬆地、像是慈父般笑道：「她曾經跟白人男人發生過關係嗎？」

我盯著我黑色的雙手，看著金色的婚戒，咕噥著一些毫無意義的話，希望他能看出我的沉默。他完全不理會我的情緒，話題反而變得更加淫穢。他告訴我這一帶所有的白人都渴望有色女孩。他說他雇用了很多黑人女孩做家務，或者協助他做生意。「我向你保證，在她們的名字排入薪資名冊之前，我就會先擁有她們所有人。」一陣沉默。只聽見車輪輾過高溫路面上所發出的嗡嗡聲。「你覺得呢？」

「總有幾個人會拒絕。」我小心地提出。

「不會，如果她們想有飯吃或餵養孩子的話。」他哼了一聲，「如果她們不忍氣吞聲，就別想有工作。」

我看向窗外，公路兩側都有高大的松樹聳立著。松樹的松節油混著男人卡其狩獵服上的肥皂味。

「你認為那很過分，是不是？」他問。

我知道我應該笑著說「怎麼會？那很正常啊」，或者說一些和緩氣氛的話語，以免惹怒他。

「是不是？」他和氣地堅持問道。

「我想是很過分。」

「見鬼了，每個人都這樣做。你難道不知道嗎？」

「不知道，先生。」

「啊，該死的他們都這麼做。我們還想說，我們可是在幫助你們這些人，給你們的孩子一些白人的血。」

我心想，這種用飢餓脅迫的強姦，和用刀子或槍殺威脅的強姦，在道德和倫理上有什麼不同？每當發生黑人強姦白人婦女的事件，報紙總是大幅渲染。但白人強姦黑人婦女則顯然是不同的一回事。但這仍然是強姦，而且發生的規模之龐大，讓黑人犯下的事件顯得微不足道。

我覺得自己和所有黑人一樣，被這種怪誕的虛偽甩了一巴掌。這裡值得再提一次，白人總說黑人缺乏性道德，或是驚恐地談到黑人雜交，又或是熱烈地談論純種問題，但其實種族雜交在南方已經是普遍的事實——它是白人對南方生活方式的唯一「貢獻」，而且他對「種族純潔」的高度關注顯然只在於他自己，並不適用於所有的種族。

（後來我遇到許多白人，他們都坦率地承認說自己也做過一樣的事，就像我身邊這位所描述的那樣。但是，持平地說，其他南方白人對此現象予以嚴厲譴責，並聲稱這種行為不像我的線人所說的那樣常見。不過沒有人否認這種現象很普遍。）

報紙上看不到南方生活的這一個面向，因為正如我身邊這位同伴所說的：「阿拉巴馬州的黑人婦女深諳此道——她們永遠不會去找警察或告狀。」

她們很清楚，如果有人嘗試這麼做，會有什麼後果。

就像我擔心的那樣，我的不「配合」惹惱了司機。他當然是把我的沉默視作拒絕。

「你從哪來的？」他問。

「德州。」

「你來這裡幹什麼？」

「只是四處旅行，想要找工作。」

「你不是來這裡惹麻煩的，是嗎？」

「哦，天啊，不是。」

「你若來煽動這些黑鬼，我們肯定知道怎麼治你。」

「我沒有打算這麼做。」

「你知道我們這裡怎麼對付麻煩製造者的嗎？」

「不，先生。」

「我們要麼把他們關起來，要麼殺了他們。」

他隨便、無情的口氣讓我作嘔。我看著他。他和善的藍眼睛變得混濁。我知道，一旦他決定「教訓」黑人，他就不會產生任何憐憫之心。他這種心態有股巨大的壓迫感，讓我感到恐懼，但卻讓他欲罷不能。他保持著這種心態，虛情假意的聲音聽來愉悅而殘酷。高速公路穿過沼澤森林，向遠方延伸，不見人跡。他點著頭，看著那片飛快地掠過車窗的濃密灌木叢樹籬。

「你可以殺死一個黑鬼，把他扔進那邊的沼澤，也沒有人會知道他發生了什麼事。」

「是的，先生……」

我強迫自己保持沉默，強迫自己想像這個男人其他時候的樣子——想像他與孫子一起玩耍；看見他站在教堂中，手上拿著打開的讚美詩集；早晨著衣前先喝一杯咖啡，然後刮鬍子並與妻子愉快地閒聊；週日下午登門拜訪友人，一起聚在房子的前廊上。這是我剛上卡車時見到的那個男人，一位和藹、正派的美國人所具有的所有特徵。而他現在卻顯露了內心黑暗的另一面——病態、冷酷、無情、假借自身權勢製造他人痛苦或恐懼的欲望。可以肯定的是，連他的妻子或最親密的友人都沒見過他的這一面。他只會在被害者或共謀者的面前表現出來。至於在其他人面前的那一面——他真實作為丈夫、忠實的父親，以及同儕中受尊敬的成員——我只能發揮自己的想像力了。他向我展現了他最低劣的一面，而我必須想像最崇高的一面。

當他駛離主要道路並停在通往林間的泥濘小道上時，他的面容很僵硬，試圖恢復鎮定。我們進行了一場隱微的交戰，但我想他直到那時才意識到這一點。他需要從中挽回點什麼。「這是我下高速公路的地方。我猜想你要繼續沿著高速公路前進。」

我感謝他讓我搭車，打開車門。在我下車之前，他再次開口。「我現在告訴你這裡的情況吧。我們會跟你們的人做生意。我們也一定會搞你們的女人。除此之外，**就我們而言，你們完全不存在**。而且你們越快認清這一點，對你們就越好。」

「好的，先生……」我走下車，關上車門。他向小路駛去，車輪後方揚起碎石子。我聽著卡車的聲音，直到它遠去。傍晚的空氣很污濁，瀰漫著沼澤的腐臭，聞起來卻帶有點芬芳。我穿過高速公路，坐在行李袋上，等著另一輛車。但是沒有來車。樹林寧靜無聲。天色漸漸暗了。獨自處在這片寂靜中，我感到出奇的安全與孤獨。我看到了第一顆星星出現，黑夜逐漸降臨，但天色仍未暗，大地的熱氣向上散逸。

我感到口乾舌燥，肚子開始餓了，想吃東西，這才意識到我一整天都沒吃飯或喝水。冷空氣迅速地將我包圍。我起身，開始在黑暗中沿著高速公路向前行走。走路總比坐著受凍來得好。我臂彎上的行李袋越來越沉。我知道如果不吃點東西和休息，我走不遠了。

我感到奇怪，阿拉巴馬州高速公路上的來往車輛竟如此稀少。沒有汽車經過。我的腳踩在路邊礫石上，踩踏聲在兩旁如牆般的樹林之間迴盪。

片刻之後，一道亮光透過樹葉間隙，閃爍不已。我趕緊沿著高速公路彎道向前疾行，直到我看到光線來自山丘上一間彷彿與世隔絕的加油站。當我抵達它的對面時，我站在那裡並觀望它好一陣子。一對白人老夫婦坐在裡面，四周架子上擺著雜貨和汽車用品，以及汽水機和香菸零售機。他們看起來友善且寬厚。我事先構思了一下，想好要說什麼話才可以幫助他們減輕面對一名夜間突然出現的高大黑人所可能有的恐懼，並說服他們賣我食物和飲料。或許我甚至會請求他們讓我在那裡的地板上過夜。

那個女人看見我經過點著的燃油燈前。我吹起口哨，以引起他們注意。她在門口招呼我。她一打開門，我感到一股溫暖的熱氣湧出來，還聽到收音機裡傳來鄉村音樂。我透過玻璃窗看到男人坐在椅子上，耳朵緊貼著他的小型收音機。

「不好意思，女士，」我低下頭說道，「我要去蒙哥馬利，但被困在高速公路上，搭不到便車。我想是否可以讓我買點吃喝的東西？」

她一臉懷疑地打量著我，埋在眼周皺紋裡的眼神十分無情。

「我們要關門了。」她說道，並退後一步要將門關上。

「拜託妳，」我懇求，無法再掩飾被拒絕的落寞。「我整天都沒有吃到東西也沒喝到水。」

我可以看到她的猶豫、戒心和反感，對抗著本能的良善天性。她顯然想要拒絕我。她害怕的不只是我，也害怕有人來加油時看到她招呼我。但是我想起稍早那位讓我搭便車的白人說的話：「我們會跟你們的人做生意。」我站在原地等待著。今晚很冷，鄉間萬籟俱寂。就連野獸也需要吃喝。

「好吧，我想應該沒關係。」她厭惡地說。她轉身回到店裡。我走進去，關上門。他們兩人一句話都沒說。年邁的老人抬起頭看著我，充滿皺紋而瘦弱的臉龐沒有一絲表情。

我買了柳橙汁和一包夾心餅乾。店裡的氣氛是如此不歡迎我。我遂走到外面，在那裡，他們可以看著我喝著柳橙汁。我喝完後，把空瓶子還回去，迅速再買第二瓶。這家商店沒有什麼食物可以買，僅有的兩罐沙丁魚罐頭偏偏沒有拉環。但店主只是盯著地板。我問他是否有開罐器，他搖頭表示沒有。我接著又多買了一個炸派餅、一整條麵包和五條星河牌巧克力棒。

那名女士站在煤氣爐前，用另一隻手的中指挑著另一手拇指指甲裡的髒東西。當我囁嚅著表達謝意時，她是如此全神貫注於自己的任務，對於我的道別，她只是繼續盯著她的手，但眉頭皺得更緊。她的丈夫收過錢，把錢塞到襯衫的口袋裡。

我再次沿著高速公路走入黑暗，左手拿著兩個行李袋，右手拿著無味的鳳梨炸派餅，邊走邊吃。

身後遠處傳來的嗡嗡聲引起了我的注意。我轉過身，看到馬路盡頭有道黃光，變得越來越明亮，最後出現了車頭燈。雖然我很害怕再搭另一名白人的便車，但我更害怕整晚待在路上。我走到路上讓車裡的人看到我，並揮舞雙臂示意。一輛老舊的汽車剎車，停了下來，我趕緊走上前。車燈的照射下，我看到是一位年輕的黑人，讓我大鬆一口氣。

我們討論了過夜問題。他說他住在森林深處，有六個孩子，但只有兩個房間。他甚至沒有床可以供我睡。我問他這一帶有沒有我租得到房間的地方。他說比起來，還是他家比較好。

無論如何，我們找不到其他解決方案。

「你不能整夜站在這裡。如果你不介意睡地板，歡迎你跟我一起回家。」他最後說道。

「我不介意睡在地板上，」我說，「我只是不想給你添太多麻煩。」

我們沿著一條小路，開了數公里，駛入森林。他跟我說他是鋸木廠的工人，從沒有掙到足夠的錢來還清債務。他每次領到薪水，都會拿到商店還債，但總是還不完，每次都會再多欠一些錢，其他家庭也都是這樣。的確，我在旅途中反覆看到這樣的情形。南方白人的策略之一就是讓黑人負債，並讓他們無法脫身。

「這讓生活更艱難了，不是嗎？」我說。

「是啊，但你不能停下來，」他迅速地回答，「我就是這樣告訴工廠裡的人。他們之中有些人打算就坐以待斃。我告訴他們；『好，你就因為沒辦法在麵包上塗奶油而放棄。這不是辦法。吃掉那塊麵包，然後努力工作。或許有一天，我們就有奶油可以配麵包。』我告訴他們，除此之外的其他方法都絕對行不通的。」

我問他是否能與其他人聯合起來罷工，爭取更高的工資。他好像被我的說法逗樂了。

「你知道我們如果做了那樣的事，可以撐多久嗎？」

「唔，如果聯合起來罷工，他們總不能殺死所有人。」

「他們他媽的會這麼做，」他悶哼了一聲，「反正，我可以讓我的孩子溫飽多久？三十二公里內只有幾家商店。他們會取消讓我們賒帳，拒絕賣東西給我們。沒有收入來源，我們誰也活不下去。」

他駛離小路，轉進一條狹窄的小徑，接著穿過茂密的灌木叢，爬上一座小丘。車頭燈照落在一間未經油漆的木屋，底部一角還用了一塊生鏽的胡椒博士汽水（Dr. Pepper）招牌修補。除了孩子們的聲音，整個地方籠罩著深深的寂靜。男人的妻子來到門前，煤油燈蒼白的燈光映襯出她的身影。他介紹我們認識。雖然她看起來有點害羞，但還是請我進門。

孩子們原先小聲壓抑著唧唧喳喳的聲音，現在則轉變為熱烈的歡迎聲。他們的年齡從九歲到四個月不等。訪客來到家裡，他們樂壞了，認為一定是要開派對了。我們就這樣決定了今晚的計畫。

晚飯放在臨時用來吃飯的桌子上，只有水煮的大黃豆。母親為嬰兒準備了黃豆泥和罐裝牛奶。我想起了我的麵包，把它作為我對這頓飯的貢獻。父母雙方都沒有為食物的稀少簡陋而道歉。我們用塑膠盤盛裝桌上的食物，隨便找地方坐下來。孩子們坐在地板上，地上鋪著報紙當作是桌巾。

我稱讚他們有個美滿的家庭。做母親的告訴我，他們確實感到幸福。「我們的孩子個個身體健康。當你想到許多家庭，有的孩子手腳殘廢、眼盲，或是身體孱弱，你真的只能感謝上帝。」我也誇獎每一個孩子。做父親的一臉疲憊，卻也露出了驕傲的神情。他看著他的孩子，就像人們望著稀世圖畫或珍寶那樣。

雖然只有兩個房間，只有兩盞煤油燈發出柔和燈光，室內的氣氛卻截然不同。外面的世界、世俗的一切標準都已消失在遙遠的他方、廣闊的黑暗之中。在這裡，我們擁有快樂所需的一切。我們有庇護之所，不致陷於飢腸轆轆，還有尚未意識到現實殘酷的孩子們，他們的身體、眼睛和愛。我們還有甜點。我們把星河牌巧克力切成薄片，當作點心。在一無所有的情況下，一小片星河巧克力也成了美好的禮物。孩子們幾乎狂喜地把它吃掉。其中一個小女孩垂涎欲滴，使得巧克力如糖漿般從嘴角滴落。她的媽媽用指尖去擦，渾然未覺地（出於什麼樣的渴望？）把它放到自己的嘴裡吮嚐。

晚飯後，我和男主人一起到屋外，幫他從有木板遮蓋的井裡取水。即將滿月。月光照耀在樹上，銀色的光芒彷彿讓空氣更冰冷。我們小心翼翼地沿著一條依稀可辨的小徑前進，深怕有蛇出沒，最後走到了樹林邊緣小便。在月色斑駁的鄉間，夜晚特有的沙沙聲響起，也聞得到沼澤地的蕈菌香氣。遠處有嬰兒在哭。我傾聽著我們取水時，水流在潮濕、滿布落葉的泥地上所發出的低沉聲響。我不禁回想起往事——我想起小時候讀到莉莉安．史密斯（Lillian Smith）的《奇怪的水果》（*Strange Fruit*），她描述黑人男孩在空無一人的小徑上停下來小便。數年後的現在，我竟扮演起這個根本不可能出現在小時候的我腦中的角色。我從未如此深刻地感受到自己是個徹頭徹尾的黑人，以及這種感覺所帶來的龐大孤獨。從在安全的白人客廳中讀到一本關於黑人的書的白人男孩，到在阿拉巴馬州的沼澤地的黑人老頭，這個轉變已經完成。他的存在雖然被世人否定，但同時，他的行為、他的感情卻被大自然所接納。

「好了嗎？」我的朋友問，然後我們掉頭。月光照亮了他突出的顴骨，下方凹陷處則形成了陰影。

「好了。」我回答。

山丘上的屋子矗立在我們眼前，顯得搖搖欲墜，微弱的燈光從窗戶上透了出來。我彷彿聽到白人說：「看看那棟破屋。他們過得像動物。如果他們想過得更好，他們是可以的。但他們卻希望我們接受現狀？他們**喜歡**過這樣的生活。要求他們提高生活水準，就像要我們降低到他們那種水準，都會讓人痛苦不堪。」

我跟男主人提到這一點。「但是我們無法改善生活，」他說，「我們為此而努力……為了給我們的孩子和我們自己更好的生活。」

「住在這裡，你的太太似乎並不喪氣。」我提及。

「不，她一直都是個好女人。我可以告訴你，就算我們沒有肉可以和豆子一起煮，她還是會把豆子煮好。」他最後揮舞著手勢，說明她寬容大量的態度。

我們在廚房的鑄鐵柴爐上放了幾桶水，這樣我們就有熱水可以清洗和刮鬍子。然後我們又回到外面把木箱填滿。

「這些沼澤裡面真的有很多短吻鱷嗎？」我問道。

「噢，當然有啊，這個地方到處是短吻鱷。」

「為什麼不殺一些呢？牠們尾巴的肉很好吃。我可以教你怎麼煮。我在陸軍服役時，在叢林訓練中學到的。」

「噢，我們不能這麼做，」他說，「我告訴你，如果我們殺了一隻鱷魚，他們會給我們開一張一百美元的罰單。」他苦笑著說，「他們堵住了所有的漏洞。在這州，你沒有半點取勝的機會。」

「那孩子們怎麼辦？」我問，「你不怕鱷魚吃掉他們嗎？」

「不會……」他斷然地說，「比起我們，鱷魚更喜歡吃烏龜。」

「牠們一定有部分是白的。」我聽到自己這麼說。

他笑了。但笑聲在冰冷空氣中聽起來毫無笑意。「只要牠們肚子裝滿烏龜，牠們就不對我們構成危險。但無論如何，我們總是讓孩子們待在家裡附近。」

（後來我得知，殺死鱷魚的罰款其實是一種保育和控制烏龜數量的措施，而不是針對黑人的懲罰。雖然很少有黑人了解到這一點。）

我們回到廚房時，傳來了孩子們歡樂而靜不下來的聲音。他們準備要上床睡覺。屋裡空間十分狹窄，不太可能和他人保持身體上的禮貌距離，而且實際上在這種情況下，這種要求也很荒謬。母親給孩子們用海綿擦澡，而我和她的丈夫則是刮鬍子。每個孩子輪流去上廁所——用的是角落裡的一個鍍鋅水桶。因為外面太冷了，實在無法讓孩子們出門。

孩子們對我的招待很周到。我們在地板上鋪上麻布袋，上面再鋪一層飼料袋。同時，他們問了關於我自己孩子的問題：他們上學了嗎？不，他們還太小。那他們幾歲了？噢，今天是我女兒的五歲生日。會有慶生會嗎？是的，肯定會有。聽到這裡，他們充滿興奮之情。就像我們在這裡，有糖果和其他東西那樣嗎？是的，就像那樣。

但是睡覺的時間到了，該停止問問題了。對孩子們來說，魔力仍然存在——孩子們很開心得知我的女兒今晚也有慶生會——但這幾乎讓我難以承受。他們的父母從另一個房間的床底下拿出拼布被子，鋪在簡陋的小床上。孩子們親吻了父母，然後他們也想親吻格里芬先生。我坐在靠背椅上，伸出雙臂。他們一個接一個朝我走來，聞起來都帶有肥皂和孩子特有的味道。他們一個接一個地以手臂環抱我的脖子，用他們的嘴唇輕碰到我的。每一個孩子都認真地笑著說：「晚安，格里芬先生。」

我跨過他們，走到我靠近廚房門邊的小床鋪，沒有脫衣服就睡下了。做父親的警告孩子們，他不想再聽到他們說任何一句話，並拿起了煤油燈，把它帶進臥房。兩個房間之間沒有門隔著，我看到牆壁上燈光閃爍的光影。夫妻倆都沒有說話。我聽到了脫衣服的聲音。燈被吹熄，片刻後他們床的彈簧嘎吱作響。

疲勞侵襲我的全身，讓我對於能夠睡在麻布袋鋪成的床上心懷感激。我嘗試不去想女兒慶生會的光景，這與今晚的這場派對形成了殘酷的對比。

「如果你需要任何東西，格里芬先生，就喊一聲。」男人說道。

「謝謝，我會的。晚安。」

「晚安。」孩子們說，他們的聲音指出了他們在黑暗中的位置。

「晚安。」他們又說。

「晚安，格里芬先生。」

「夠了。」父親警告他們。

我躺在那兒，看著月光從尺寸不合的門縫裡流瀉而下。每個人都睡著了。成群的蚊子嗡嗡作響，直到房間裡充滿轟鳴。我心想牠們怎麼會在如此寒冷的夜晚活動。孩子們在睡夢中翻身扭動，我知道他們被咬了。爐子逐漸冷卻，幾乎聽不到火花在裡面的爆裂聲和噴氣聲。夜晚、秋天還有沼澤的氣味，混雜著孩子、煤油、冷掉的豆子、尿液和松樹灰燼的氣味。腐臭和清新融合成一種奇特的氣味——一種貧窮的氣味。有那麼片刻，我明白了苦中作樂的生活裡，快樂確實微妙地存在著。

然而悲苦是個重擔，是種常見卻致命的重擔。我了解他們為什麼生了這麼多孩子。這些夜晚時分，被沼澤和黑暗圍繞著，喚起了他們心中無邊的孤獨、恐懼，以及彷彿被所有人類放逐的感覺。一旦有這種意識，一個人要麼就因絕望而窒息，或是轉向摟住自己的女人，安慰對方也被對方安慰。他們的結合可以讓他們暫時逃脫沼澤的夜晚，逃離生活再也不會改善的絕望。絕望者尋求希望，是最終極的悲劇。

想著這些事情——這些人竭盡心力地養育家庭的勇氣，他們珍惜孩子沒有失明或殘疾的感恩之情，他們願意與陌生人分享食物和居所的心意，這一切都讓我難以承受。我從床上起身，反正都凍僵了，就走到外面。

薄霧掩蓋了明月。瀰漫開來的月光下，樹木如鬼魅般群起而升。我坐在一個倒置的金屬洗衣盆上，金屬的寒氣穿透了褲子，讓我不住顫抖。

我想到我的女兒蘇西（Susie），想到她今天過五歲生日，想到她的生日蠟燭、蛋糕和派對上穿的洋裝，還想到我的兒子們穿著最好的衣服。此刻的他們在溫暖的房子裡睡在乾淨的床上，而他們的父親，一個光頭的老黑人，坐在沼澤中哭泣，而且忍著不放聲大哭，以免吵醒黑人孩子們。

我再次想起黑人孩子柔軟的嘴唇靠著我的嘴唇時的感覺，極像我自己孩子給我的晚安吻。我好像又看到他們的大眼睛，天真無邪，完全還沒意識到他們前往安全、充滿機會和希望的美好世界的路，早就已經被封閉了。

我被這樣的想法衝擊。不是以白人或是黑人的身分，而是為人父母。除了表面上的膚色，他們的孩子在各個方面都與我的孩子相似，實際上也和所有的孩童一樣。然而，只因為一個偶然，一個最無關緊要的人類特質，也就是膚色，就讓他們被標記為次等。如果我的皮膚永遠都是黑色的，人們也會毫不猶豫地認定我的孩子們的未來就是如豆子般、毫無希望。想到這件事，我感到非常恐懼。

其實極少人能體會這種恐懼，除非做了父母。除非他仔細地端詳自己的孩子並自問：如果一群人來到他家門口，告訴他，為了方便他們行事，他們已經決定了他孩子的未來——從此以後，他的孩子的生活將受到限制，他們的世界縮小，他們受教育的機會減少，而且他們的前程將被切斷——他會作何感想？

我們看到的，也就會像是黑人父母所看到的那樣，因為實情正是如此。他們看著自己的孩子，心知肚明。沒有人，甚至連聖人都無法在這種生活中體會到個人價值。白人種族主義者巧妙地欺騙了黑人。這是所有種族犯罪中最不明顯但最令人髮指的，因為它扼殺了人的精神與求生意志。

這一切都太過頭了。儘管我正經歷其中，但我無法置信。善良的美國老百姓怎麼可能袖手旁觀，縱容如此大規模的罪行存在。我一直都有在嘗試理解白人的立場。我客觀地研究了人類學論點，嘗試去同理關於文化和種族差異的陳腔濫調，但我發覺這些觀點根本完全不正確。兩項最主要的論調，即黑人缺乏性道德和黑人智力低落，都是障眼法，都是用來合理化偏見和不道德的行為。最近發表在《第八世代》（*The Eighth Generation*，由紐約哈潑兄弟出版）的最新科學研究表明，當代中產階級黑人與白人一樣崇尚家庭，共享相同的理想和目標。黑人低落的學術表現並非源於先天的種族劣勢，而是白人剝奪了黑人在文化和教育上的機會。當種族隔離主義者主張黑人在學術方面表現次等的時候，他們可說是為黑白合校提出了最有力的論據：他們承認，只要讓黑人繼續待在第十等的學校，黑人就會永遠在學術上落後於白人孩子。
我沒有對黑人偏心。我也曾在各個面向上努力尋找黑人「次等」的可能，但我找不到。一旦與黑人共同生活，就會發現所有對於黑人種族的假定，那些即便善良的人也都廣泛接受的事實，其實都有證據表明說那不是真的。當然，這不包括那些老鼠屎——害群之馬到處都有，黑人與白人之中一樣都存在。
撇開所有的討論和宣傳後，唯一的標準只剩下膚色。我的經驗就證明了這一點。人們沒有用其他方式評價我，只因為我的皮膚是黑的，他們就有充分理由剝奪我的權利和自由。沒有了這些權利和自由，生命就失去意義，只比動物略勝一籌而已。
我設法尋找其他的答案，但沒有找到。我一整天都沒有食物和水，就只是因為我的皮膚是黑的。我坐在沼澤中的一只水盆上，也別無其他原因。
我回到小屋裡。空氣略微溫暖，散發著煤油、麻布袋和人的氣味。我在黑暗及一片鼾聲中躺下來。
「格里芬先生……格里芬先生。」
一個男人輕柔的聲音蓋過了我的喊叫聲。我醒來看到了煤油燈，以及男主人在煤油燈後不知所措的臉龐。

「你沒事吧？」他問。在一片黑暗中，我感受到緊張的情緒。他們安靜地躺著，沒有發出鼾聲。

「對不起，」我說，「我做了個惡夢。」

他站起身來。從我平躺在地板上的地方望過去，他的頭似乎碰到了上方天花板的橫梁。

「你現在沒事了嗎？」

「是的，謝謝你叫醒我。」

他小心地跨過孩子們，回去另一個房間。

那是同一場惡夢。我最近一直做同樣的惡夢。我夢到白人男人和女人，他們的表情冷酷無情，逐步朝我逼近。他們仇恨的目光將我焚燒殆盡。我被向後壓在牆上。我無法指望任何憐憫或同情。他們緩緩逼近，而我無法逃脫。我已經做過兩次這樣的夢，每次都被自己的尖叫驚醒。

我聽著這家人再次進入夢鄉的聲音。蚊子蜂擁而至。我點了一支菸，希望能把牠們趕出去。

惡夢讓我擔心。我原本帶著超然的科學精神開始了這個實驗。我想保持客觀觀察，不讓自己的情緒介入。但這已成為如此深刻的個人經歷，甚至縈繞在我的夢中。

男主人在黎明時又叫醒了我一次。他的妻子站在爐邊的燈光下倒著咖啡。我用一盆她為我加熱的水洗了臉。我們只用點頭和微笑交談，避免吵醒那些躺在地板上的孩子。

喝過咖啡並吃了一片麵包當作早餐後，我們準備出發了。我在門口跟她握手，並感謝她。我伸手拿錢包，跟她說想付錢給她，因為她讓我留下來過夜。

她拒絕了，說我帶來的超過我所得到的。「即使你只給我們一分錢，我們也會覺得欠你找零的錢。」

我把錢留給她，作為送給孩子們的禮物。她的丈夫開車送我回到高速公路上。

早晨晴朗而涼爽。不久後，有兩個年輕白人男孩讓我搭便車。我很快就察覺到他們和他們那個世代的人一樣，比年長的人更友善。他們開車送我到一個小鎮的巴士站，我可以在那裡搭巴士。

我買了去蒙哥馬利的車票，然後坐在其他黑人乘客聚集的轉角。許多黑人走在街上。他們的目光友善且樂於交流，彷彿我們所有人都共享同一個秘密。

我坐在陽光下，突然間感到全身疲倦。我走進黑人廁所，在臉上潑了冷水，刷了牙。然後我拿出手拿鏡檢查自己。我已經當了三個星期以上的黑人，再也不會因為看到鏡子裡的陌生人而感到訝異。我的頭髮變得非常毛燥。臉上的皮膚，由於我持續攝取藥物，再加上暴露在陽光下和殘留的污漬，成了黑人所稱的「純棕色」——一種均勻的深色，讓我看起來就和數以百萬計的其他黑人一模一樣。

我也留意到，我的臉部失去了所有的表情。入睡的時候，我的臉色緊張而且沮喪，許多南方黑人的臉上也有一樣的神情。我的腦袋也是如此，長時間昏沉空轉，會想到食物和水，但是更多的時間只是在空等，或者緩解自己的恐懼，從而無法再想其他事情。我就像和我處在同等情況下的黑人一樣，感到生命難以承受之重。

我變得極度渴望那些純粹愉悅的事物，人們稱為「樂趣」的東西。渴望是如此之熱切，以至於就算身處在這種骯髒和備受屈辱的生活之中，我可以打從心底因為小事感到快樂——若我可以獨自待在廁所的小隔間，看看乾淨的水管，摸摸粗糙的木牆；在這裡，我有一個水龍頭可以喝水，可以盡情享受把冷水潑在臉上，想潑多少都行；在這裡，門上有一個門閂，可以把仇恨的目光、鄙視全部隔離在這扇門之外。

伊芙牌香皂的氣味轉移了我的注意力。我皮膚上的一些染料脫落了。我心想，還要多久以後我才能再被視為白人。我決定暫時不要再吃藥了。我脫下襯衫和汗衫。我的身體已經有段時間沒有暴露在陽光或日光燈下，現在已經褪成咖啡牛奶的顏色。我告訴自己，除非今後確定有私人的空間，否則換衣服的時候要很小心。我的臉和手的膚色比身體的顏色深得多。由於我經常穿著衣服睡覺，問題似乎沒有那麼嚴重。

我弄濕了海綿，將染色劑倒在上面，然後輕輕修補嘴角和嘴唇的膚色，這些地方總是很難處理。

我們在傍晚時分搭上了巴士，順利地抵達塞爾瑪（Selma）。我在那裡花了很長的時間等待轉車，才能乘上另一輛前往阿拉巴馬州的首府蒙哥馬利的巴士。

夜幕低垂時，我漫步在這座美麗小鎮的街道上。一群穿得體面的黑人婦女正為宣教活動募捐。我在她們的杯子裡放了一些零錢，並拿了一張講解宣教計畫的傳單。然後，出於好奇，我想看看她們如何與白人應對，因此就跟著她們走。

我們走到車站站長面前，但他沒好氣地大聲咆哮並且拒絕捐款。我們繼續走。沒有一個白人願意聽她們把話說完。

兩名穿著體面的男人站在亞伯特飯店（Hotel Albert）前交談。

「對不起，先生，」其中一名婦女手裡拿著宣教傳單說道，「我們正在為我們的宣教活動募款……」

「搞什麼，」他們之中較年長的那位白人大聲說道，「我已經拿到太多這些該死的傳單了。」

較年輕的那位白人則猶豫了一下，手伸進口袋，扔了滿滿的零錢到杯子裡。他拒絕了這張傳單並說：「我相信這筆錢將得到充分利用。」

走了兩個街區之後，我們聽到身後有腳步聲。我們停在街角，但沒有回頭看。剛剛那位年輕人的聲音傳了過來。「我認為這樣做於事無補，」他默默地說，「但是我為我同伴的不良舉止向妳們道歉。」

「謝謝你。」我們說，但仍沒有轉過頭。

經過巴士站時，我離開了那個小團體，坐到靠近室外電話亭的一張公共長凳上。我一直等，直到看到有黑人使用電話後，才急忙走到電話亭、關上門，請接線生用對方付費的方式打電話回家。

聽到我太太接起電話的聲音時，我感到我處境的陌生再一次掃遍全身。我以丈夫及父親的身分與她和孩子交談，但在那同時，我在電話亭的玻璃窗上看到的是一名他們不認識的男人。在這種時刻，在我最渴望消除這種幻覺的時候，我卻比以往任何時候都更加留意到這點，留意到他不是她所認識的那個男人，而是一名用相同聲音說話並擁有相同記憶的陌生人。

無論如何，我還是很高興聽到他們的聲音。我走出電話亭，走進夜晚涼爽的空氣。夜晚總是很撫慰人心。大部分的白人都在家中。威脅比較小。黑人完全無違和地融入了黑夜。

夜色溫柔而至
像我一樣黑

在這樣的時刻，黑人可以看著星空，發現他在宇宙萬物的常軌之中還是可以找到歸宿。星星，還有黑色的夜空，都承認了他的人性，以及他作為人類的正當性。他知道他的肚子、他的肺、他疲倦的雙腿、他的食慾、他的祈禱和思想全都深切地受到大自然和上帝的眷顧。夜晚安慰著他，夜晚不會鄙視他。

車子駛進車站時車輪發出的轟鳴聲，廢氣的惡臭，人們拿著行李下車的喧鬧聲在在告訴我，時間到了，該走了。人們比夜晚更高竿、更聰明，只要他們向我投以仇恨的目光，就足以讓我謹守本分。

我走向巴士後方的座位，經過睡著的乘客，找到一個空位。黑人們睏倦地朝我微笑，然後我們就出發了。我向後倚靠，與其他人一起朦朧睡去。

來回於黑白之間

十一月二十五日
蒙哥馬利

在阿拉巴馬州的首府蒙哥馬利，我感受到一種新的氛圍。來到這裡，黑人的徹底絕望被一種消極抵抗的堅定精神所取代。馬丁・路德・金恩（Martin Luther King, Jr.）牧師的影響力，彷彿當年的甘地，在這裡遍及許多人。面對歧視所採取的主要行動是禱告、非暴力的抵抗。在這裡，黑人致力採取明確的立場。他將入獄或遭受各種羞辱，但他不會退縮。他將隱忍順從地接受侮辱和虐待，好讓他的孩子將來不必再承受一樣的痛苦。

這種態度讓白人種族主義者感到困惑且氣憤，因為黑人在行動過程中所展現出來的崇高正好就凸顯他自己不光彩的言行。要把黑人激怒，讓黑人做出卑鄙的舉動，造成公開的肢體衝突，對他而言相當困難。他會走向前，對著黑人的臉吐煙圈，希望黑人能反擊，這樣他就可以猛然壓制黑人，並聲稱這只是自衛。

黑人在別的地方可能缺乏能促成團結的共同使命，但是在蒙哥馬利，大家追隨金恩的領導。在別的地方，兩個種族的不正義讓他蒙受侮辱，但在這裡他可以抵禦這種貶抑。

在蒙哥馬利，我看不透白人的觀點，因為觀點太善變而不固定。表面上的和平籠罩著這座城市，到了晚上警察卻隨處可見。我感覺兩個種族的對立就像兩堵豎立的水泥牆，屹立不搖；在白人眼中，對與錯、正義與不正義等基本議題根本都不存在。問題已被簡化為誰可以獲勝。恐懼和害怕讓雙方陷入緊張。

我所認識的黑人擔心兩件事。他們擔心自己的某個同胞可能會犯下暴力行為，讓白人有理由指控黑人太危險、不配享有權利，進而危及他們的處境。他們也畏懼不可靠的白人，他們可怕的嘲諷、監禁和誣告。

白人的恐懼也十分普遍。對於黑人來說，這些對於「雜交」的恐懼完全沒有道理。他只看到白人想要壓制他——要他履行作為納稅人和士兵的義務，同時卻否定他的公民權利。從根本上而言，雖然白人提出了許多主張來證明觀點的正當性，但人們實際上感受到的是——白人無法忍受「失去」這些傳統上的幫傭階級。

仇恨的目光隨處可見，尤其是來自老一輩的婦女。週日我做了個實驗，打扮得很正式，故意趁著禮拜結束時行經白人教堂。這些婦女們從教堂的門走出來看到我時，她原本的「精神花束」（spiritual bouquets）[5]消失無蹤，瞬間化作了敵意。這種轉變醜陋無比。在整個蒙

5 編注：精神花束的概念來自天主教，說明信徒為他人祈福時所做的善行就猶如一束獻給天主的鮮花。

哥馬利，只有一名婦女克制了自己。她沒有笑容，只是看著我，表情沒有變化。我對她的感激之深，連我自己也很驚訝。

十一月二十七日

我每天待在房間裡的時間逐漸增加。蒙哥馬利的情勢特殊，促使我決定嘗試重返白人社會。我只有到了晚上才外出吃飯。一想到要面對更多的仇恨，我的心就感到異常難受。同時，我也不想再曬太陽了，直到我體內的藥效完全代謝完，讓我的膚色可以變淡回來。

十一月二十八日

我決定試著重返白人社會。我不斷擦拭身體直到幾乎要破皮，直到棕色皮膚開始泛著粉紅色而不是黑色。是的，我看著鏡子，覺得我可以了。我穿上白襯衫，但相襯之下，反而讓我的臉和手顯得太黑。我換上一件棕色的運動衫，好讓皮膚看起來比較白。

這種轉變讓我很不安。作為白人，我不能在午夜時分被看到從一個黑人的家走出來。如果我入住一家白人旅館，然後曬過多太陽，由於體內還殘留藥物，又會讓我的皮膚變得太黑，無法回去那間旅館。

我等到外面的街道沉靜下來，確定屋子裡的每個人都睡著了，才帶著行李來到門前，走入黑夜。

最重要的是要盡快且低調地離開黑人的街區，進到白人社區。我留意是否有警車。只有一輛出現在遠處，我趕緊躲進小巷裡。

在下個十字路口，有一名黑人少年走過來。我踏步向前，跟在他後面走。他看了我一眼，然後繼續直視前方。他顯然以為我可能會騷擾他而從夾克裡拿出了某個東西。我聽到喀噠一聲。儘管我看不到他手裡握著什麼，但我確定那是一把彈簧刀。對他而言，我只不過是一個陌生人，一個可能會傷害他的白人，而他必須保護自己。

他在一條大街的轉角處停了下來，等著過街。我走近他身旁。

「天氣變冷了，是吧？」我說，盡量使他相信自己沒有半點惡意。

他像座雕像站在原地，沒有反應。

我們一起過馬路，走到燈光更明亮的市區。一名警察朝我們走來，男孩迅速將他的武器放進夾克的口袋裡。

警察親切地向我點頭，我就知道我已經成功地回到了白人社會，再次恢復一等公民的身分。所有餐館、廁所、圖書館、電影院、音樂會、學校和教堂的大門又再度為我敞開。過了這麼長的時間，我難以適應這一切。欣喜若狂的解放感貫穿全身。我決定走進一家餐廳。我在吧檯一群白人旁邊的位子坐下來，女服務生對我微笑，這簡直是奇蹟。我點了食物，服務生送上菜來，這真的是奇蹟。我去洗手間，沒有被騷擾，也沒有引起絲毫關注。沒有人問：「黑鬼，你在這裡幹嘛？」

但在餐館外頭，我知道黑人們就跟過去幾週的我一樣，他們漫步在夜晚的街道，沒有一人可以在夜晚的這個時候去買杯咖啡。他們不能隨便打開洗手間的門，只能尋找小巷。

對我而言，這些簡單的特權都是奇蹟，對他們而言也是如此。雖然我感受到了奇蹟，我卻沒有感到一絲喜悅。我看到白人對我微笑，面容和善且親切有禮，我已經有好幾個星期未見到白人這一面。但我也清晰記得他們的另外一面。這樣的奇蹟讓人喪氣。

我吃了白人的飯，喝了白人的水，得到了白人的笑容，想說這一切怎麼可能是真的。一個人要如何理解這一切？

我離開餐館，走進了高雅的惠特尼飯店（Whitney Hotel）。一名黑人趕緊跑上前來幫我拿行李。他臉上的笑容像是在說：「來了，先生——沒問題，先生。」

我真想告訴他「你騙不了我」，但現在我又回到牆的另一側。我們之間不再溝通，不再能透過眼神來交換一切想法。

飯店的白人職員幫我登記入住，面帶微笑，給了我一間舒適的房間，還有一位黑人幫我拿行李。我給他小費，接受他的鞠躬，意識到他已經離我很遠了，就像黑人與白人之間的距離那麼遠。我鎖上門，坐在床上，並抽起菸來。我想到幾個星期前的自己不可能有辦法進到這間房間。我想要讚嘆腳底下的地毯的觸感，想要一一記錄房內每件家具帶來的平凡奇蹟，包括每盞燈和電話，也想要在鋪有瓷磚的淋浴間好好洗個澡，或者再次走上街頭，單純地體驗走進每扇門、每間店、每場電影和餐廳，沒有自卑感地與白人在大廳交談，看著女人並看著她們也對我報以微笑。

十一月二十九日

今天早上，蒙哥馬利看起來跟平常不同。人們的臉上充滿了笑容，既和善又溫暖。那種令人難以抗拒的笑容證實了我的看法——這些人並不知曉在街上和他們擦身而過的黑人的情況，雙方甚至連想法上的交流都沒有。我和一些人隨意交談，他們說他們了解黑人，而且早就與黑人談過了。但他們不知道，黑人從很久以前就知道他必須告訴白人他們想聽的話，而非事實。因此，我從他們口中聽到的說詞千篇一律：黑人就是這樣、那樣或什麼樣。你得慢慢來。你不能指望南方願意撒手，任由那些該死的北方的共產主義者指揮一切，特別是這種局外人無法真正「理解」的情況。我聽著，竭力抑制自己不予答辯。現在是傾聽而不是發言的時刻，但很困難。我看著他們的眼睛充滿真誠，真想對他們說：「你可知道你在散布種族主義的毒藥嗎？」

蒙哥馬利，這個曾經令我憎惡的城市，在今天看起來很美，至少在我進入先前從未去過的黑人區之前確實如此。我是一名落單在黑人區的白人。我，作為白人，對黑人對待我的方式感到消沉，就跟我作為黑人時，對白人對待我的方式的感受相同。我想：「為什麼？我曾是你們中的一分子。」然後我意識到這和我在紐奧良巴士站遇到的事情一樣愚蠢。不是因為我做了什麼事，不是我這個人，而是我的膚色。他們的表情像是在說：「你這個白人混蛋，你狗娘養的婊子，你到這邊的街上來幹嘛？」就像前幾天，白人臉上的表情所透露的那樣：「你這個黑人混蛋，你這個狗娘養的黑鬼，你到這邊的街上來幹嘛？」

值得繼續下去嗎？我們真的需要讓一個種族知道另一個種族在面具背後的真面目嗎？

十二月一日
阿拉巴馬州及喬治亞州

我發明了一種來回穿梭的技巧。我在我的行李中放了一塊濕海綿、染色劑、洗面乳和面紙。這種做法很危險，但唯有如此我才能自由穿越黑人區和白人區。如果外出旅行，我會尋找人煙罕至的地方，譬如夜晚的暗巷或是高速公路旁的樹叢，然後迅速將染色劑塗在臉上、雙手和腿上，反覆擦掉再重新塗抹，直到染色劑深深地浸入我的毛孔。我會以黑人的身分穿過某個地區，然後，通常等到晚上，才用洗面乳和紙巾卸除染色劑，再以白人的身分穿過同一個區域。

不論是白人還是黑人，我都是同一個人。然而，當我是白人時，我得到了白人兄弟間愛的微笑和特權，也得到黑人的仇恨目光或諂媚奉承。而當我是黑人時，白人認為我就是垃圾，而黑人則充滿溫情地對待我。

作為黑人的格里芬，我沿著陡坡走到蒙哥馬利的巴士站，詢問前往塔斯基吉（Tuskegee）的巴士時刻。一名職員很有禮貌地回答了我，我便轉身離開售票口。

「小子！」我聽到一個女人的聲音，大聲而刺耳。

我往門邊看，是一名高大、有威嚴的女人，看起來上了年紀且急躁。她枯瘦的臉面露猙獰，招手要我過去。

「小子，過來。快一點！」

我嚇一跳，就服從了。

「從車廂裡拿出那些行李。」她非常不耐煩地下令，好像很氣我動作這麼慢。

我沒有多想，露出了大大的微笑，彷彿因為可以為她服務而感到開心。我把她的行李搬上巴士，並收到了三枚傲慢地遞過來的十分錢硬幣。我大大地感謝她。她憤怒地皺緊雙眉，最後揮手把我趕走。

我搭了午後最早的巴士抵達塔斯基吉，漫步在這座美麗而寧靜的南方小鎮。我得知著名的塔斯基吉學院（Tuskegee Institute）不在城裡。其實大部分的黑人住宅區都不在城裡——當初市府官員認為要讓黑人在地方選舉中選票無效，最簡單的方法就是把黑人趕到郊區。

喬治．華盛頓．卡佛（George Washington Carver，編按：美國非裔植物學家）的精神在校園中無所不在——那裡一片安靜，幾乎是令人難以置信的寧靜，有著樹木和草坪，散發出一種尊重崇高人性、人類雙手與思想付出的氛圍。在這裡的採訪中，我過去的發現獲得了證實：除了那些接受過專業訓練而可以獨立開業的人以外，這邊的畢業生只能在南方以外的地方找到報酬與他們的教育相稱的工作。我在這裡察覺到一種謙沖有禮的風氣。跟白人校園的學生相比，這邊的學生們更加端莊，穿著更嚴謹。對他們而言，教育是非常嚴肅的事情。他們離當初祖先完全不識字的時代並不遙遠。那時祖先得要冒著遭受嚴厲懲罰的危險學會讀書和寫字；對他們而言，學習是近乎神聖的特權。他們也把教育視作唯一能擺脫黑人當前困境的途徑。

那天傍晚，我在市區轉了一圈後回到學院訪問院長。一名白人男人站在大學大門口附近的黑人小餐館前面，對我招手。一開始我有些猶豫，擔心又遇到惡霸。但是他的眼神帶著懇求，要我相信他。

我慢慢地朝他走過去。

「你要找我？」我問。

「是的，你能告訴我塔斯基吉學院在哪裡嗎？」

「就在那兒。」我指著一個街區之外的校門。

「噢，我知道，」他笑著說。在傍晚新鮮的空氣中，我聞到一股威士忌味。「我只是想找個藉口跟你說話，」他承認，「你在這裡教書嗎？」

「不，我只是旅行經過而已。」我說。

「我是一名博士生，」他不自在地說道，「我來自紐約，來這裡當觀察員。」

「替某個政府機構工作嗎？」

「不，完全是私人性質。」他說道。我仔細打量著他，因為其他黑人已經開始注意到我們了。他看起來才五十出頭，衣著得體。

「要不我們一起去喝一杯？」他說。

「不，謝了。」我說著，轉身想離開。

「等等，該死。你們的人是我的兄弟。像我這樣的人，是你唯一的希望。如果你不跟我談談，你如何期望我能做出什麼觀察？」

「好吧，」我說，「我很樂意跟你談談。」

「該死，我已經觀察到所有我能容忍的一切，」他說，「現在就讓我們去喝個酩酊大醉，忘記這一切該死的偏見。」

「一個白人和一個黑人，」我笑了，「我們倆都會被仁慈的三K黨找上門。」

「他媽的對極了——一個白人和一個黑人。天殺的，我不認為自己比你優秀，甚至或許也沒有你來得優秀。我只是想展現出兄弟情誼罷了。」

雖然我知道他喝了酒，但我心想，一名受過良好教育的男人，又是一名觀察員，怎麼會如此遲鈍無感，不知道這麼做會讓黑人感到多麼尷尬。

「我很感激，」我僵硬地說，「但這永遠都行不通。」

「他們不需要知道，」他靠近我並輕聲說道，帶著近乎瘋狂的眼神，彷彿在哀求我別再推辭。「不管怎麼樣，我都要喝個大醉。天殺的，我已經受夠了。這只是你和我之間的事。我們可以到樹林某處。來吧，為了我們的兄弟情誼。」

我很同情他。他顯然很孤獨，極想幫助人，卻害怕這些人拒絕他。但是我心想，他到底知不知道這種自作多情的「兄弟情誼」是多麼令人反感。其他在一旁圍觀的人也皺眉表示不苟同。

就在這個時候，有位黑人開著一輛老爺車駛過，停了下來。他無視那名白人，只對我說話。「你想買一些肥美的火雞嗎？」他問道。

「我在這裡沒有家人。」我說。

「你等一下，」白人說，「該死的，我要買下你所有的火雞……只是想幫助你啦。我要讓你們看看並非所有的白人都是混蛋。你那邊有幾隻？」我們往車裡看，看見後座有好幾隻活蹦亂跳的火雞。

「全部要多少錢？」白人問，從錢包裡掏出一張十美元的鈔票。

賣家困惑地看著我，好像他不願意把所有貨物丟給這位慷慨的白人。

「從車上把牠們拿下來後，你要怎麼處置？」我問道。

「你是想怎樣？」白人挑釁地問，「是來搞破壞，讓他做不成生意嗎？」

賣家趕緊插話：「不……不，先生，他不是這個意思。我很高興把全部的火雞賣給你。但你要我在哪裡卸貨？你住附近嗎？」

「不，我只是一名觀察員。天殺的，十美元拿去。我會把那些該死的火雞送人。」

在賣家猶豫不決之時，白人男人問：「怎麼了？你是偷來的還是怎麼樣？」

「哦，不，先生……」

「你怕我是警察還是怎樣？」

不可原諒的話一旦說出口，儘管這個白人一再堅稱兄弟情誼，他還是透露了內心的卑鄙。他可能沒有自覺，但我們所有的人都注意到了。他質問的口吻本身就表達出對我們的蔑視。他的語調非常強硬。就像他們所說的，要讓我們謹守本分。他譴責其他白人，但他自己也跟他們沒有兩樣。

「我沒有偷，」賣火雞的男子冷冷地說，「你可以來我的農場看，那邊有更多。」

那名白人感覺到態度的變化和不滿的情緒，便瞪著我看。「天殺的，難怪你覺得沒人有辦法幫助你。你不給人機會表達善意。該死的，我要把這件事寫進報告裡。」他發著牢騷轉身。「你們全部的人都有點『可笑』，」然後他抬起頭，朝著傍晚的天空憤怒地宣布：「但是在我做任何事情之前，我要先去喝個爛醉，大爛醉。」

他用力踏步，走向通往原野的道路。我周圍的黑人緩緩地搖著頭，表示遺憾。我們目睹了一個可憐蟲，他長期看到黑人遭受虐待，於是一意孤行地想要彌補，但卻徹底失敗了。如果我有勇氣，我會追上他，試圖彌合他和我們之間的巨大鴻溝。

但我沒有。我走近路燈，在筆記本上寫道：

> 我們必須將合法的權利歸還給他們，以確保法律面前人人平等，然後每個人就他媽的不要再去管別人，任由他們去。如果我們一副為了他好的樣子（這種家長式的態度會流露我們的偏見），等於在貶低他們的尊嚴。

天色已晚，我來不及拜訪塔斯基吉學院的院長了，只好回到巴士站，搭上一班行經阿拉巴馬州奧本（Auburn）並前往亞特蘭大的巴士。

直到我們在奧本換車以前，一路上都很順利。一如往常，黑人都坐在後排。我和另外三個人占據了後排的長椅。我們的左前方坐著一名身形高大的中年黑人婦女，右前方則坐著一名年輕的黑人男子。

在其中一站，有兩名白人婦女上車，但找不到位子坐。「白人座位區」那沒有任何南方白人男人（或青年）願意有風度地站起來讓位給她們。

巴士司機向後座叫喊，要年輕黑人男子和中年黑人婦女坐在一起，好讓白人婦女可以坐在一起。兩個人都不理會司機的請求。當白人們抬頭向後盯著我們看，我們感受到緊張加劇。

一位身穿運動衫的紅髮白人站了起來，對著後座的黑人叫道：「你們是沒有聽到司機的話嗎？老兄，讓出位子啊。」

「歡迎她們坐來這裡。」黑人平靜地說道，指著他旁邊的空位，還有走道另一邊女人旁邊的空位。

司機看起來目瞪口呆，非常不悅。他朝後座走來，努力控制自己的音量說：「她們不想和你們的人坐在一起，你是不知道嗎？她們不想。這樣夠清楚嗎？」

我們感覺到一件大事正在醞釀中，但是我們誰也不想看到那位已經付了車錢的年輕黑人被迫離開他的座位。如果這些女士不想跟我們一起坐，那就讓其中一位白人男人讓出他的座位，他可以來和我們一起坐。年輕的黑人不再多說，轉而凝視窗外。

那名紅髮白人發怒了。他大聲問司機：「你要我把這兩個蠢蛋從位子上攆走嗎？」我們畏縮不動，彷彿變成了木乃伊，茫然地看著，讓自己免於遭受進一步的侮辱。

「不，看在上帝的分上，拜託，請不要動粗。」司機懇求道。

其中一名白人婦女帶著歉意看著我們，彷彿很抱歉造成了這種局面。「沒關係……」她說，「拜託……」她請求司機和年輕男子不要再幫她討位子坐了。

紅髮人繃緊了胸肌，慢慢坐下，但仍朝我們怒視。一名坐在前座的青少年竊笑著說：「嘿，他原本真的打算要甩那個黑鬼巴掌。」白人惡霸是他的英雄，但其他白人則保持沉默，並不苟同。

在亞特蘭大車站，我們等白人先下車。其中有位白人，一名高大的中年男子，猶豫了一下，轉身走向後座。我們把自己繃緊，準備迎接另一回的侮辱。他彎腰向年輕黑人男子說：「我只是想告訴你，在他打你之前，他必須先打趴我才行。」

我們都沒有笑。我們只是心想，為什麼當白人們還在車上時，他都沒有說話。我們點頭表示感謝，年輕的黑人則輕聲說道：「這種事隨時在發生。」

「好吧，我只是想讓你知道——我是站在你這一邊的，小子。」他眨眨眼，卻從沒意識到他用「小子」（boy）這個我們討厭的渾名來稱呼我們的時候，其實就已經暴露出他的認知。我們疲倦地點頭，回應他離開時對我們的示意。

我是最後一位下車的乘客。一位白人老頭，光頭，身材魁梧，穿著破舊的藍色工作服，他專注地看著我。然後他皺起臉，好像我很可惡，哼聲說道：「呸！」他藍色的小眼睛滿是反感，毫無理由地鄙視我的膚色，讓我感到絕望至極。

這是一件小事，但其他所有的小事累加在一起，卻粉碎了我內心的某一部分。突然間，我覺得我受夠了。突然間，我再也無法忍受這樣的屈辱——不只為了我自己，還有為所有像我一樣黑的人。我猛然轉身離去。

偌大的巴士站裡擠滿了人。我進入男廁，進到其中一個小隔間並鎖上門。我暫時安全了，與世隔絕。我暫時擁有周圍的空間，雖然它只比一具棺材大一些。中世紀的人們會到教堂尋求庇護。而如今，只要五分錢，我就可以在有色人種的洗手間裡找到庇護。以前的聖所散發著焚香瀰漫在牆上的香氣，而現在的則充滿了消毒水的氣味。

這樣的諷刺對我造成了衝擊。我回到了喬治亞州，我祖先的故鄉。格里芬鎮就是以祖先的名字命名的。而我，作為一個黑人，頂著所有黑人都討厭的名字，因為格里芬前州長（和我無親屬關係，我也不在乎）英勇地投入讓黑人「謹守本分」的任務。某個程度就是要歸功於他的努力，我這位約翰．格里芬在光榮重返故土、這個祖先發跡的地方時，竟得在巴士站的廁所隔間裡尋求庇護。

我拿出洗面乳，塗抹在我的雙手和臉上，好去除染色劑。接著，我脫下襯衫和汗衫，用汗衫不斷擦拭皮膚，直到快要脫皮，然後拿起我的手拿鏡。我看起來又像是白人了。我重新整理行李，穿上襯衫和外套，心想要如何離開這間有色人種的廁所才不會引起注意。我猜時間是接近午夜了，但進出往來的人潮仍然很多。

奇怪的是，人們通常會在公共廁所裡輕鬆交談，但我在這裡沒有聽到，沒有任何低聲說笑的聲音。我等待著，聽到腳步聲來來去去，也聽到洗手和沖水的聲音。

許久之後，當我再也沒聽到任何腳步聲，我從我的隔間走了出來，走向通往主候車室的門。我匆忙混進人群，沒有引起注意。

轉換回白人的身分時總是很令人困惑。我不得不小心避免使用黑人之間慣用的一些隨口、有點下流的語言，因為這些話如果出自白人，是非常侮辱人的。時間已是午夜。我問了一個門房說哪裡可以找到過夜的地方。他指著一個夜空中很明顯的霓虹燈招牌——基督教青年會，大概就一個街區之遙。我發覺，雖然我作為黑人的打扮很得體，但就白人而言，我的外表看起來很邋遢。他根據衣著來評斷我，所以就指給我一個便宜的住宿選擇。

十二月二日
科尼爾斯的特拉普派修道院

位於沃斯堡的《深褐》雜誌辦公室打電話來，要我再多進行一些關於亞特蘭大的報導。我的攝影師唐．魯特里奇（Don Rutledge）無法在兩天內抵達。我打電話給約四十八公里外、座落於喬治亞州科尼爾斯（Conyesr）的特拉普派修道院（Trappist Monastery），並問他們是否可以接受我的短期拜訪。過去幾週，我感到一股不尋常的不適感，渴望換個環境，從連續不斷的種族磨難中得到一些紓解。

我從青年會退房，搭上前往科尼爾斯的巴士。

這次，司機掌握了另一種貶低黑人的技巧。每當白人下車時，司機就會禮貌地說：「請注意您的腳步。」但是，每當黑人走到前排要下車時，他卻不吭一聲，沉默得嚇人。儘管黑人和白人付了一樣的車錢，司機卻行使差別待遇，這種拒絕的行徑是如此明目張膽，讓我留意到身後的黑人開始心生不滿。

衣著光鮮、受人尊敬的黑人婦女，即便是年紀大的，也都無法從他那裡得到一句禮貌的提醒——「注意您的腳步」。他的意圖相當明確，誰也沒有誤解。

我看著，想著這個男人的無禮是徒然的。然後車子在下一站停下了，一群白人走到前面，緊跟在他們身後的是一名衣著端莊、年約五十多歲的黑人婦女。我感到了司機的兩難，覺得很有趣。當他說話的對象也包含黑人時，他是否應該仍說「請注意您的腳步」？

「請注意您的腳步。」他最後說道，並打開車門。白人毫無反應地下了車，但黑人婦女客氣地點點頭並對他說「謝謝你」，一副明知他的提醒不是針對她的樣子。那是勝利的時刻。她證明自己比白人乘客和司機更彬彬有禮，而且她的行為並未帶有絲毫諷刺。巴士上的白人沒有留意到這個事件的微妙之處，但是司機以及後座的黑人都看到了。我從背後聽到了稱許的竊笑。司機不必要地將車門重重關上，向前疾駛。

我抵達特拉普派修道院，該院有著約八平方公里的森林和農田。我走進中庭，修士們正在進行晚禱（Vespers）。他們的聲音飄蕩在空氣中。一個穿著棕袍的修士把我領到二樓的一間房間，並通知我五點鐘開飯。

這裡與外界的對比強烈到令人難以承受。我感到震驚，就像從陰沉的沼澤突然走進燦爛的陽光底下。在這裡，一切都很祥和，除了祈禱聲之外，一片寂靜。在這裡，人們對仇恨一無所知。他們試圖使自己更加完美地遵從上帝的旨意，而在外面我看到的人則大多都要求上帝配合他們的悲慘偏見。在這裡，人們以上帝為中心，而在外面，人們以自我為中心。這樣的差異讓我徹底改觀。

我們五點吃晚餐，有自製的麵包、奶油、牛奶、紅豆、菠菜和一顆桃子。

六點半，我們走進教堂進行當天最後的祈禱。我跪在教堂的二樓座位區，低頭看著九十名身穿白袍的修士。夜禱（Compline）結束後，他們熄滅了大部分燈光，無比優美、輕柔地吟唱著莊嚴的〈又聖母經〉（Salve Regina），令人感受到生命的軀殼逐漸消失，只留下心靈在永恆的寂靜中安眠。和聲完全回歸沉靜以後，修士們魚貫地走出來。他們的一天結束了。他們七點就寢，隔天清晨兩點再起床開始新的一天。數世紀以來，特拉普派修道院的人們過著日復一日的生活。我感到它的永恆性。我在暗下來的教堂裡獨自待了很長的時間——沒有禱告，只是把自己安放在這股暖意之中。所有的感官都獲得和諧的安排，仇恨無法滲透。經過數週的旅行，我不斷看到人們赤裸裸地鄙視他人，僅僅只是坐在這裡休息，就已足夠療癒。

我下樓洗澡，並在水槽裡洗衣服。回到房間時，我遇見一名修士，他是負責接待訪客的，來看看我是否有什麼需要。我們聊了一會兒，然後我向他解釋了我的研究計畫。

「神父，黑人是否經常以訪客的身分來這裡住上幾天？」我問。

「噢，是的，」他說，「雖然我不認為有很多人知道這個地方。」

「這裡是深南方，」我說，「當你有黑人訪客時，會對你的白人訪客造成什麼困擾嗎？」

「不……不會……會來特拉普派修道院的白人——唔，他來這裡是要沉浸在奉獻上帝的氛圍裡。這樣的人幾乎不會一隻眼睛仰望上帝，另一隻眼睛盯著旁人的皮膚。」

我們討論了種族主義者的宗教信仰。我告訴他，我經常聽到他們祈求上帝，引用聖經的話語，並敦促所有可能對其種族偏見有所動搖之人：「祈禱吧，兄弟，在你決定讓黑人進到我們的學校和餐館以前，請全心全意地祈禱。」

修士笑了。「莎士比亞不是說過『每一個犯錯的傻瓜都能找到一段聖經經文來支持他的論點』嗎？他知道有這些盲從的信徒。」

我把關於種族正義的小冊子《獻給善良的人》拿給神父看；作者是紐奧良的神父羅伯特．古斯特，冊子釐清了幾乎所有關於黑人的疑問和陳腐說法，特別是關於上帝把黑人創造成如詛咒般黑暗的說法。古斯特神父說：「沒有任何現代的聖經學者會贊同這樣的理論。」

修士點點頭。我則堅持問道：「聖經中，是否有任何內容證明它是對的，即使只是憑空想像，神父？」

「聖經學者們不會憑空想像——至少有聲譽的學者不會這樣，」他說，「請稍等我一下好嗎？我有個東西，你一定要讀讀看。」

他很快就回來了，拿著雅克・馬里旦所著的《學術與政治》（*Scholasticism and Politics*）一書。

「馬里旦對種族主義者的宗教有很多深刻的想法，」他說，並翻閱著書。「你可以細讀這一頁。」他在那一頁放了一張紙板作書籤，然後將書遞給我。

修士鞠躬離去了。在無比的寂靜中，他走出大廳，我聽著他厚厚的長袍發出沙沙聲。後來，有一位年輕的大學英文系講師來拜訪我——他是本地出生的南方人，對地方情勢有很全面的見解。他跟我說，他對黑人比較開放自由的見解與他的長輩、父母和叔父輩完全背道而馳，所以他不再回家探望他們。我們一直聊到午夜。他邀請我隔天去拜訪作家芙蘭納莉・歐康納（Flannery O'Connor），但我告訴他，由於我只有幾個小時的時間，我想要留在修道院裡。

他離開了。房間很冷。外頭喬治亞州的田野也陷入沉睡。由於第二天我不需要在清晨兩點就起床，我決定不睡覺。我把手靠近蒸汽暖爐，卻感受不到一絲暖意。馬里旦的書就放在床上。我爬上床，打開修士特別標記的那一頁。

談到種族主義者的宗教信仰，馬里旦指出：

> 上帝被召喚了……祂被召喚來與精神、智慧和愛的神對立，被召來排斥並憎恨後者。這是如此非同尋常的靈性現象：人們信仰上帝，卻不認識上帝。上帝的想法獲得肯定，並同時遭到變質和扭曲。

他繼續說，這種宗教其實將智慧拒於門外，雖然自稱是基督教，但事實上，卻像無神論一樣是反基督教的。

我訝異於這名法國哲學家竟能如此完美地描繪我們南方各州的種族主義者，然後才意識到其實他所描述的種族主義者自古迄今都隨處可見。所有思想扭曲且認為種族偏見是美德的人，都有這些宗教特徵，不管是白人公民委員會、三K黨成員、納粹監獄長、南非的白人至上主義者，或是只是某人的阿姨，她會說：「沒有比那些義大利人（或西班牙人、英國人或丹麥人等等）更糟糕的傢伙了。」

我睡著了，然後從同一個熟悉的惡夢中醒來。夢中的男男女女呼喊著朝我靠近。我躺在那兒，穿著整齊，望著天花板上的燈泡顫抖著。我對自己擾亂了修道院的寧靜而感到羞愧。住在其他房間的修士們因為農事工作和數小時的祈禱已經精疲力盡，但現在肯定被我的呼聲吵醒，心中正納悶著。

十二月四日
亞特蘭大

今天早上，年輕的教授開車送我回到亞特蘭大。路邊的橡樹在綠色松樹的襯托下，顯得特別紅。我入住城裡的喬治亞飯店（Georgia Hotel），那是一間很豪華的飯店。我在那裡飽受懷疑和無禮的接待。是不是工作人員對我是否「純種」抱持疑問？雖然我帶著行李，穿著也很得體，但他們要求我提前付款。他們堅持如果我沒有在當下把每一分錢付清，我就不可以打電話。我從未在一流的飯店中遭遇如此不通情理的對待，我也這樣告訴他們，但這只讓他們更加無禮。我決定不待在這裡了。

黑星攝影公司（Black Star）攝影師唐・魯特里奇從田納西州的洛克威爾（Rockvale）開著他小小的雷諾汽車，在中午左右抵達亞特蘭大。我們要一起做一則關於亞特蘭大黑人商業情況和公民領袖的報導，除此之外也許還會進行其他的報導。我第一眼就喜歡上他了。他個子很高，是個有點瘦的年輕人，已婚，有一個孩子。從各方面而言，都是文質彬彬。

十二月七日

連續整整三天，我們從早上一路辛苦工作到深夜。我的訪談筆記本滿滿都是字跡，但是到了晚上，我太累了，無法再寫日記，馬上倒頭就睡。我們從許多黑人領袖得到莫大幫助和合作，這些黑人領袖包括律師A・T・瓦爾登（A.T. Walden）、商人T・M・亞歷山大（T.M. Alexander）、山繆・威廉斯（Samuel Williams）牧師、令人印象非常深刻的莫爾豪斯學院（Morehouse College）校長班傑明・梅斯博士（Benjamin Mays），還有許多人們。

我初抵亞特蘭大時，想說黑人在南方的處境極為絕望，因為種族主義者強力控制了白人和黑人的經濟，而且黑人之間也缺乏團結。

但是現在的亞特蘭大改變了我的看法。亞特蘭大已經證明了「問題」可以解決，並向我們展現了解決方法。雖然種族隔離和歧視仍然普遍，造成很多苦難，但也已經取得了長足的進展，這些進步讓每個南方的觀察員看見了希望。

這至少可以歸功於下列三項因素：

首先，也是最重要的因素在於黑人們團結在一起，有著共同的目標和使命。而且相較於南方其他城市，亞特蘭大有更多領導人才——他們都受過高等教育、遠見卓識且充滿活力。

第二點，正如其中一位領導人T・M・亞歷山大先生向我解釋的那樣，儘管喬治亞州從未有過同情黑人的州政府，但是亞特蘭大市在市長威廉・哈茨菲爾德（William B. Hartsfield）領導下，長久以來政策十分開明。

第三點，該市很幸運地有《亞特蘭大立憲報》（*The Atlanta Journal-Constitution*），它是一家敢於為正義發聲的報社。其最著名的專欄作家（現為發行人）雷夫・麥吉爾，曾獲普立茲獎，被白人公民委員會稱呼為「雷斯特斯（Rastus）」[6]。

在南方，大多數的報紙，即使是那些主要的都會日報，也都表現得很短視、缺乏勇氣，甚至更糟糕地成為了白人委員會以及三K黨的宣傳機器。因此，充分負起新聞責任的報紙再重要不過了。像是馬克・埃斯里奇、哈丁・卡特、伊斯頓・金恩、哈利・戈登（Harry Golden）、P・D・伊斯特以及雷夫・麥吉爾等人，都已起身捍衛所有人的自由。

麥吉爾和他的同事賭上自己的財富和聲譽，主張發掘和公布真相是新聞從業者神聖的責任。他們相信，大多數人一旦適切地獲知真相，就會為了社會和國家的利益採取行動。而南方最大的危機正來自於公眾不知情的問題。報紙公然推卸他們的新聞責任，只報導他們認為讀者想要讀到的內容。他們隨波逐流，並運用邏輯上的所有謬誤，發表的言論都是為了順應大眾偏見。他們還密切留意白人委員會和三K黨可能採取的經濟報復，此外還有一些極端愛國團體會對報紙廣告商施加壓力。另外，大多數人保持一貫的沉默，避而不談任何對黑人有利的報導。黑人的成就被細心地予以刪除，又或是在成就引發關注的時候被格外小心地報導，以避免讓人覺得個別黑人的成就也是其種族同胞的典型成就。

我們花了非常多的時間考察奧本街的三個街區和六所黑人大學的所在區域。黑人在奧本街一帶的金融和工業實力達到八千萬美金的規模。兩個區域密切相聯，因為大多數企業的領導者都和這些高等教育機構有些相關；有人擔任教授，也有人擔任系所主任，並且全是這個

6 編注：在美國，「雷斯特斯」是對非裔美國人的貶抑稱呼。它本來並非常見的黑人名字，但在一八九〇年奶油小麥公司（Cream of Wheat）在推廣公司的早餐麥片時，花了五美元請一名曾在芝加哥餐廳工作的黑人服務員當模特兒，讓他穿上廚師服，面帶微笑，化身一位名叫雷斯特斯的廚師，並將其肖像印在產品包裝上，才使「雷斯特斯」這個名字更廣為人知。

社群裡的宗教領袖。正如亞歷山大所說的：「至少我們知道了一件事，那就是如果一個人的美德無法與權力並駕齊驅，那麼權力就會被濫用。」

大約二十五年前，有兩個人來到亞特蘭大的大學任教，兩位都是經濟學家。他們發覺，對黑人而言，亞特蘭大是很蓬勃發展的知識中心。在蓄奴時期，任何想識字的黑人都會遭到嚴懲。在某些社區，如果某個黑人學會了讀寫，他的右手就會被截肢。黑人因此很重視教育，把教育視為通往知識和尊嚴世界的唯一門戶。當時的氣氛很適合開創新計畫，讓黑人可以在經濟上獲得尊嚴。兩位經濟學家名為L・D・彌爾頓（L.D. Milton）和J・B・布蘭頓（J.B. Blayton），他們了解到如果黑人必須仰賴白人銀行，才能獲得改善和發展計畫的資金，那麼他們就只能任由白人擺布。他們了解到經濟的解放是解決種族問題的關鍵。如果一個種族始終必須依靠充滿敵意的金源支持，該種族就毫無發展的希望，因為只要資金提供者不同意，任何計畫的貸款申請都可能付諸流水。

這兩人簡單扼要地說：「讓社群中的每個人，即便資產不多，也都拿出來與他人共享。」透過匯集小額資金的薄弱力量，並透過巧妙地操作，便可以達到整合性的融資能力。這樣的行動促成了兩家在亞特蘭大成立的銀行。最近我就看到一個案例，說明黑人領導者如何運用典型的做法操作經濟槓桿：有個地方的黑人社區要擴大土地範圍，但是有個白人的住宅區是阻礙。住房委員會召開會議，黑人和白人都同意讓黑人購買這一區的房子，可是白人放款機構卻拒絕提供資金。因此根據往例，黑人領導人就開會討論對策。他們同意撥出一大筆款項，讓申請人貸款購屋。提供了這些資金後，白人放款機構就打電話說：「不要搶走所有的生意嘛。能不能讓我們也處理其中的一些貸款？」幾天前被拒絕的業務現在反倒受到了歡迎。

融資當然是關鍵，但其他因素也同樣重要。教育、住房、工作機會和投票權都是改善社群生活的要素。黑人領袖，抑或亞特蘭大的「成功」人士，都深刻地對當地的社群抱有責任感，不論醫生、律師、教育家、宗教領袖和商人們都是如此。

「沒有『大我』和『小我』，」東南富達火災保險公司（Southeastern Fidelity Fire Insurance）的創辦人之一T．M．亞歷山大說道，「我們必須集中所有的資源，不論是物質和精神上的資源，以贏得尊重，讓我們所有的人都能帶著美國公民的尊嚴在街上昂首闊步。」

在教育方面，亞特蘭大早具盛名。莫爾豪斯學院校長班傑明．梅斯與亞特蘭大大學校長魯弗斯．克萊門特（Rufus Clement），舉這兩位享譽世界的例子，就知道這裡整體的學術氣氛非常濃厚。這一點從教室裡就可以發現，而且令人十分印象深刻：那裡的師生毫不逃避地面對長期困擾這個國家的各項問題，特別是種族問題。我旁聽了一堂在斯佩爾曼學院（Spelman College）的社會學課程；在課堂上，莫爾蘭博士（查爾斯·莫爾蘭的夫人〔Mrs. Charles Moreland〕）透過威脅、嘲笑、挑戰等方式鼓勵學生思考和發言。這位美麗又聰明的年輕女性，就如同她的學生，鄙視那種認為在美國，人人必須「努力贏得」其作為一等公民的權利的說法。在我旁聽的課堂上，有一位學生被指派扮演白人至上種族主義者的角色，要說服其他的學生接受他的觀點。那是一場殘酷而富有啟發性的討論。不過他們與白人種族主義者之間的差異確實非常顯著。學生們的舉止更端正、更富有學習心、更有禮貌，且無可比擬地更善解人意。

每位領導人都關注改善人民的居住問題。許多專業人士，特別像是F·厄爾·麥克倫登（F. Earl McLendon）醫師，都相繼開發住宅區，作為對這個使命的貢獻。事實上，亞特蘭大擁有占地數里的優質黑人住宅。他們打破了大家常有的認知，以為每當黑人搬到某區時，那邊的房地產就會貶值。所有實例都證明，他們整修了從白人那裡買來的房子，甚至建造了更好的房屋。道理很簡單——他們只是試著盡可能地安頓更多的黑人，讓他們擁有自己的家園。

第四項要素是投票權，即人民自治的權利，這也是亞特蘭大的知識分子長期以來所珍視的目標。每位企業、職業和公民領袖也都是政治領袖。一九四九年，以A・T・瓦爾登為首的民主黨人士和以約翰・衛斯理・多布斯（John Wesley Dobbs）為首的共和黨人士聯合起來，組成了亞特蘭大黑人選民聯盟（Atlanta Negro Voters League）。自此黑人開始在政府中得以發聲，也成為越來越重要且身負重任的組織。到了一九五五年，這類型的政治團體促成亞特蘭大大學校長魯弗斯・克萊門特競選進入市立學校董事會，也讓他成為自重建時期（Reconstruction）[7]以來首位在喬治亞州擔任公職的黑人。（參見理查・巴道夫〔Richard Bardolph〕所著的《黑人先鋒隊》（*The Negro Vanguard*），該書於一九五九年由紐約萊茵哈特出版公司〔Rinehart & Co.〕出版。）

這一切還歸功於在哈茨菲爾德市長領導下，非常公道的市府行政部門。在南方所有政客當中，哈茨菲爾德市長可說是唯一一位不曾藉由犧牲黑人來贏得選票的政客。他證明了人終究可以捍衛正義和憲法，同時無須犧牲自己的政治生涯。

班傑明・梅斯、J・B・布萊頓（J.B. Blayton）、L・D・彌爾頓、A・T・瓦爾登、

7 編注：南北戰爭結束後，美國聯邦政府在一八六三至七七年間試圖處理南方諸州的政治、社會與種族問題，以協助雙方重新建立關係。

約翰·衛斯理·多布斯、亞特蘭大壽險公司的諾里斯·赫恩登（Norris Herndon）、銀行家兼藥商的C·R·耶慈（C.R. Yates）、W·J·蕭爾（W.J. Shaw）、E·M·馬丁（E.M. Martin）、山繆·威廉斯牧師、威廉·福爾摩斯·波德斯（William Holmes Borders）牧師、H·I·畢爾登牧師（H.I. Bearden），以及老馬丁·路德·金恩牧師和兒子馬丁·路德·金恩都以最盡善盡美的方式為美國夢做出了貢獻，並持續努力。

我回想起許多片段往事：

譬如，當我們走過一區又一區的黑人社區，攝影師唐·魯特里奇的表情越來越憂心——他的臉上帶著擔憂和羞愧，了解到這些人、這裡的景象、這些人的理想是大多數美國人所不知道的，而且也遠非南方種族主義者所能理解的。不過，他看上去十分欣慰。

譬如，當我向班傑明·梅斯博士坦承自己作為黑人進行的旅程時，他智慧的臉龐上流露出驚奇，深深覺得有趣。

譬如，在斯佩爾曼學院，我聆聽羅莎琳·波普（Rosalyn Pope）精彩地演奏了巴哈D小調觸技曲，然後她告訴我她曾在巴黎學了一年的鋼琴時，臉上浮現了奇怪、困惑的表情——因為在一座偉大的城市，她竟可以參加任何她想要去的音樂會，可以走進任何一扇門。在那裡，她首先是人，然後才是「黑人」，而且不會因身為黑人而被排斥。

譬如，某天晚上在Ｔ．Ｍ．亞歷山大的家裡，我們與他的妻子和聰慧的孩子們交談時說道：「我們意識到，我們必須努力不懈，才能迎頭趕上。」就像社群中的其他成員一樣，他們願意盡其所能，以消除群眾對「成功」的黑人總是大聲喧譁、個性急躁的印象。

又譬如，我曾在山繆．威廉斯牧師家中的客廳與他長談。他是一位言談極具說服力但寡言的智者，也是一位哲學教授。「我花了好多年研究愛，」他對我說，「也花了好多年研究正義。」

「基本上，我們花了好多年研究同樣的東西。」他說道。

該是回去紐奧良的時候了。我與魯特里奇在亞特蘭大的任務已經完成。他急切地想要回到自己的妻子和孩子身邊。我問他是否認識紐奧良的一流攝影師，因為我想再次以黑人身分到那邊去照相。這項計畫讓他深為著迷，因此我們就約好一起開車到紐奧良，好讓他為我拍照。

十二月七日
紐奧良

我在紐奧良恢復了黑人身分，然後我們一起去所有我先前去過的地點拍照。

我們發覺拍照會引發問題。白人攝影師拍攝黑人，很容易引起懷疑。白人會覺得奇怪而猜想：「那個黑人是什麼名人嗎？」然後就把我當作是某個不知天高地厚的黑人。同樣地，黑人也會好奇。那些「湯姆叔叔」認為每個黑人都要像鴕鳥一樣把頭埋在沙子裡，假裝自己不在那裡。他們不信任任何出名到足以被白人攝影師拍攝的黑人。其他黑人則擔心我可能是投靠白人的湯姆叔叔。

我們必須安排巧遇，讓我們同時出現在同一地點，但假裝彼此沒有關係。魯特里奇假裝自己只是一位在拍照的觀光客，而我剛好入鏡。

有一天，我們獲得了一些意想不到的幫助。魯特里奇來到法國市場的一個水果攤，開始拍照。我從另一個方向走過去，買了一些核桃和一顆蘋果。一名有禮的老婦人接待我，同時另一名婦女則在遠處與他交談。她說：「你怎麼不趕緊趁那個滑稽老黑鬼離開前，給他照張相呢？」魯特里奇回答說他肯定會的，而我則假裝不知道發生了什麼事，盡量在水果攤逗留。

一個小時後，我們進到了魚市場。我表示有興趣買魚，而魯特里奇則立刻走上前，問攤商是否介意讓一些魚入鏡。攤商很開心，留我站在櫃檯旁，他跑去拿著一條大魚擺姿勢。我跟著他，假裝以為那是他要賣給我的魚。他盡量保持禮貌，但還是處心積慮地想要讓我出鏡。直到我非常靠近他時，他被激怒了，並告訴我說客人是不被允許走到收銀台後面的。然後就在這時，魯特里奇說：「別動了，這樣很好。」那人於是面朝相機，給了一個最燦爛的笑容。魯特里奇點頭向我示意說照片夠了，我也就悄悄離去，走出門外。

我們回到了擦鞋攤。在這裡拍照完全不成問題，因為我的老搭檔斯特林．威廉斯通情達理。要不是這樣，我們就必須迅速拍好照，並在人群聚集、開始提問之前趕緊離開。

魯特里奇很快就發現了這種經驗的微妙之處。有黑人作為同伴讓他直搗問題的核心。他可以使用任何的廁所、任何飲水機，到任何餐館喝杯咖啡，但他不能帶著我一起。不用說，他太紳士了，所以不會放我一個人。所以有好幾次我們一起工作，既沒喝咖啡，也沒喝水。

十二月十四日

照片終於拍攝完畢，計畫也完成了，而我將永遠回歸白人身分。在黑人的世界生活這麼久之後離開，我莫名地感到悲傷，彷彿我離開那個世界，是為了逃避自己對黑人的苦痛與心酸的那份感知。

十二月十五日
曼斯菲爾德

今天下午我搭機從紐奧良飛回家，從高空窗外看下去是十二月的鄉村風光。我深愛著這片土地，但想到我今後的工作，不禁深深感到恐懼——說出真相的任務將會讓我和我的家人成為所有仇恨團體的目標。

但是此刻，睽違七週後又能再次見到妻兒的快樂期待，蓋過其他任何感受。

飛機一落地，我便急忙拾起行李，走到前艙。來接我的車子不久就到了，孩子們從車窗裡揮手呼喊。我感受到他們環繞過我的脖子的胳膊，他們的擁抱以及團圓的無比歡欣。在此同時，我腦中再次閃過我過去曾經歷的偏見和偏執，我聽到自己喃喃自語：「天哪，當天底下有這樣的事情時，人該怎麼處之泰然？」

我妻子和母親的臉上都帶著寬慰的表情，因為我回家了。

那天晚上就像是在過節。田野帶有晚秋的香氣，親情如蜜，洋溢著光明與愛。我們不太談論我的旅行遭遇，因為還離得太近，也太痛了。我們與孩子們聊天，聊著貓和農場上的動物。

唐・魯特里奇幫約翰・格里芬拍攝的照片皆攝於格里芬在1959年12月結束旅行回到紐奧良之後。在所有照片中，這張這片被用作《像我一樣黑》在世界各地的許多平裝本的封面。它也是魯特里奇最出名的作品，並被用作羅伯特・博納奇的《鏡中之人：約翰・格里芬與像我一樣黑的故事》的封面元素。這本書是博納奇對《像我一樣黑》這部經典的研究。

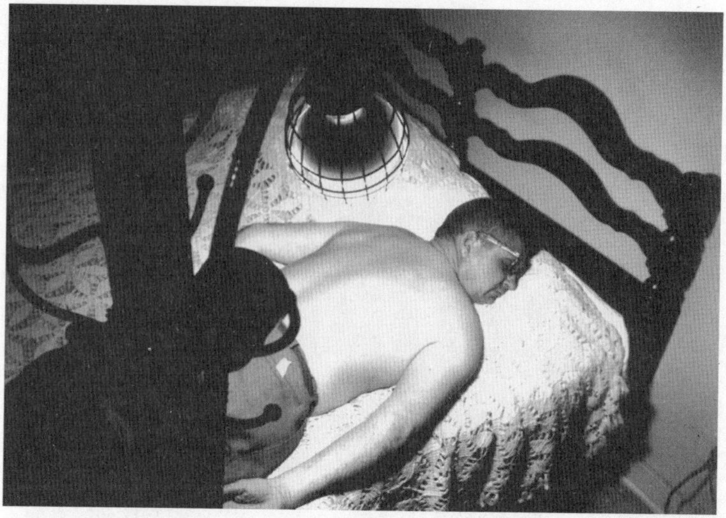

在日光燈下的格里芬。紫外線的輻射、治療白斑症的藥物甲養沙林（Oxsoralen）的催化加速了讓皮膚變深的過程。

格里芬曾被警告不要盯著白人女人看，包含電影海報上的女人在內。

格里芬在旅途中花了大量時間在走路。他被警告不能坐在公園長椅或房子門口的台階上，任何黑人可能會被指控亂丟垃圾的歇腳處都不行。他發現這種隨興的種族主義態度和南方固有的禮儀之間達成了奇怪的平衡。

格里芬和斯特林·威廉斯共享由玉米、蕪菁、米飯，並用百里香、月桂葉和青椒調味的燉菜。

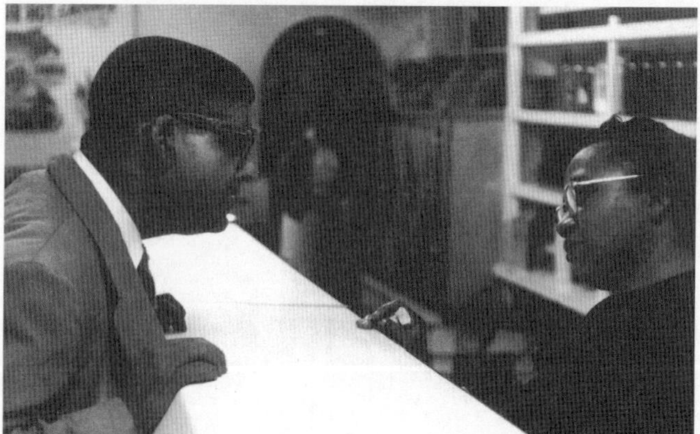

格里芬在他經常光顧的一間黑人餐館中向老闆娘點餐。

格里芬在斯特林・威廉斯位於法國區的擦鞋攤上向一名帥氣的顧客收取費用。格里芬在十一月中旬斷斷續續地為威廉斯工作了約一星期。他後來把所有收到的錢都留給威廉斯。

1960年4月2日，格里芬被告知他被以假人之姿吊在德州曼斯菲爾德的主街上。假人的背上有格里芬的名字和黃色條紋。假人隨後被警察扔到城裡的垃圾場，但在沃斯堡《星報》的記者拍下這張照片時，有人把假人撿回來放在這塊牌子前面。格里芬後來開玩笑說假人「做得有點劣質」。

1960年3月23日，格里芬接受哥倫比亞廣播公司電視台的麥克・華勒斯訪談的畫面。當時《深褐》的四月號雜誌剛出刊，而《像我一樣黑》在一年後才出版。

格里芬在紐約的廣播節目上接受泰德・李維斯（Ted Lewis）的採訪。當時有許多著名的新聞工作者爭相採訪他。

這張黑人格里芬的肖像照未曾公開發表過。它拍攝於葛雷蒂斯與哈洛德・李維（Gladys and Harold Levy）的客房，這裡以前是一座種植園的奴隸宿舍。數年前，格里芬還是盲人的時候，李維夫婦曾引介他認識傑出的盲人教師莎蒂・雅各（Sadie Jacobs）。格里芬在展開他的旅程之前曾在李維夫婦的客房待上一週，為旅程做準備。他沒有在《像我一樣黑》中提到李維夫婦的名字。

一九六〇年，餘波未了

一九六〇年一月二日

《深褐》雜誌的老闆列維坦先生打電話給我，要我參加與傑克遜夫人的編輯會議。儘管雜誌支付了這趟旅行的費用，我也答應為他們撰寫幾篇相關文章，但他還是讓我有退出的機會。「這會惹出麻煩，」他說，「我們不想看到你被人殺害。你的想法呢？還是我們最好就忘記這整件事情？」

「你的意思是，整件事下來儘管讓你有所期待，你還是願意取消？」我問道。

「如果你堅持，我才願意刊登。」他說。

「那麼，我認為我們必須刊登。」我說道，雖然內心希望我可以就此罷手。《深褐》不同於其他許多雜誌，在深南方有廣大的黑人讀者群。我覺得這是最好的方法，可以讓黑人讀者知道他們的處境是為人所知的，讓他們知道這世界對他們的了解比他們猜想的更多。這是帶給他們希望的最好方法。

如此一來，全世界將會在三月初知道一切。現在是一月。在暴風雨來臨之前，我還有兩個月的工作時間。

二月二十六日

這一天終於到來。文章刊登出來了。我花了數週的時間工作、研究、分析統計數據、閱讀報告，但這些工作都無法真正讓世人了解被歧視是什麼樣的情況。比起揭露真相，它們可說是抹殺了真相。我決定丟開這些資料，只寫出發生在我身上的事。

一通來自好萊塢的電話。知名的談話性節目主持人保羅．科茨（Paul Coates）在電話上，請我飛去參加他的訪談節目。我接受了。

三月十四日
洛杉磯

經過報紙在週末廣為宣傳後，科茨的節目在當地的電視台首播。我想該地區幾乎每個電視觀眾都看了這個節目。

節目播畢後，保羅．科茨宣布「明天」同一時間將繼續訪問，然後我們全把注意力轉移到電話上。我們意識到我們的鄰居都知道了，現在整個達拉斯和沃斯堡一帶的人都知道了。

電話響了。我接起電話，心想如果是騷擾電話的話，我該說些什麼。結果是住在密洛錫安（Midlothian）的佩恩和L．A．瓊斯（Penn and L. A. Jones）。他們講了好久的話。我發覺他們只是想讓電話保持占線，這樣仇恨電話就打不進來。最後，講完將近一個小時後，我們互道再見。我馬上接到我的父母打來的電話，告訴我一切都好。他們的聲音充滿恐懼，但他們真誠地認同我所敘述的一切。

在那之後，家中陷入一陣沉默。我們坐著等待，但電話都沒有響。沉默是如此地不自然，如此不祥，沉重地壓在我們身上。難道我的朋友、我的親戚都沒有人要打電話來嗎？

三月十七日

紐約

兩天前我飛到紐約。今天早上在《時代》雜誌的新辦公室接受採訪。他們拍了照，非常誠摯地招待我。我人還在他們辦公室的時候，接到戴夫．加洛威（Dave Garroway）的節目打電話來。那天下午五點我們要進行一次初步採訪。

我無法忍受家裡音訊全無，於是回到自己的房間，打電話回曼斯菲爾德，這才知道兩次保羅・科茨的節目播出下來，我的母親接到了第一通威脅電話。它來自一名不具名的女人，最初講話的語氣很有禮貌。那個女人說，城裡的居民不明白我怎麼能背叛自己的種族。我的母親則跟她保證，我會這麼做正是**為了**我的種族。那個女人說：「他怎麼可以為那些黑鬼敞開大門，我們**所有人**明明都竭盡全力將他們拒之門外。」然後，她開始羞辱人，並成功地恐嚇我母親，她說：「妳該聽聽他們準備怎麼對付他，一旦他回來曼斯菲爾德——」

「誰在計劃？」我的母親問。

「那不重要。妳去科里的店（Curry's）看看就知道了。（那是一家本地的餐館兼夜總會，就位在前往曼斯菲爾德的高速公路上，由一群激進的種族隔離主義者所經營。）妳得要他當心，今後再也別在曼斯菲爾德露面了。」

我的母親說，她在和我談過以後好受很多。她從未遭遇過如此殘酷的事情。她請我太太過去，她們坐在一起，嚇壞了。然後她們打電話給佩恩・瓊斯，他也馬上過來，樂意提供任何協助。

我覺得很反感，想到他們竟然針對一個男人的母親，並施以恫嚇來打擊他，於是我立即打了幾通電話，請求警方保護我家和我父母的家。

三月十八日

加洛威讓人印象非常深刻。我們今天早上終於短暫見面，就在我上鏡之前，我告訴他我很擔心讓我上節目一事會讓他面臨來自南方的嚴重反撲。他的身形魁梧，比電視上看起來更壯。我告訴他我會盡可能仔細地回答他的問題。他彎過身對我說：「格里芬先生——約翰——請容我要求你做一件事。」

我準備好要反駁他的要求，擔心他會要求我把問題淡化。

「你只要盡可能地誠實、直接地說出實話就好，不要擔心我的贊助商或其他任何事情。不管我問什麼問題，你就保持頭腦清晰回答我就好。你是否可以忘記其他一切，記住這一點就好？」

我看著他，重拾起對公眾人物的信心。他讓我在鏡頭前受訪二十分鐘，問的問題很尖銳，絲毫沒有迴避。採訪告一段落之前，我們倆都深受感動。最後，他問我關於北方的歧視問題。我告訴他我無法回答。我告訴他，南方種族主義者總是提出一個觀點，說北方的情況也好不到哪裡去，這無疑是事實，但他們說得彷彿這合理化了南方的不公不義。

三月二十三日

這個週末很忙碌。我待在房間內的時間越來越久，忙著與列維坦先生和我們的公關本恩·霍爾（Benn Hall）進行採訪和會議。與此同時，列維坦先生的辦公室也有絡繹不絕的訪客。

星期二，我和哈利·戈登一起拍攝了電視紀錄片。麥克·華勒斯（Mike Wallace）的節目在當晚播出，接著是隆·約翰（Long John）的電台採訪，節目時間很長，從午夜一直到凌晨四點半。我完全沒睡。本恩·霍爾給了我一些鎮靜劑，但我不敢服用，唯恐會沉沉睡去。《時代》雜誌的文章將在今天晚上發表。我非常想知道他們會如何處理這則報導。但最讓我緊張的是麥克·華勒斯的節目，我還告訴本恩·霍爾，如果華勒斯問了任何不對的問題，我就會起身離開。他向我保證，華勒斯為人極富同情，但我對此強烈地持保留態度，我特別擔心他會陷入宗教的討論中，並用一種會讓教會難堪的方式提到我的羅馬天主教背景。

戈登的節目進行得很順利。過程很輕鬆，導演竭盡全力地讓訪談很隨興，並鼓勵我說話。我一開始狀況不太好，重來一次後就沒問題了。

到了傍晚時分，本恩·霍爾來接我。我們搭計程車前往麥克·華勒斯的辦公室，但在百老匯大道和十四街的轉彎處下車，打算買本《時代》雜誌。那時大約八點鐘，下著細雨，街道是濕的。本恩把我留在雪茄亭，跑過街去買雜誌。片刻之後，他帶著兩本回來。報導寫得很好——恰到好處。我們感到如釋重負，然後步行到華勒斯的辦公室。

他們帶我們進去時，華勒斯從辦公桌站起身來跟我握手。我驚訝地發現他的外表比我想像的年輕得多，但他看起來也很疲倦且不自在。他請我坐下來，沒有多說客套話就直接問我是否想看看他打算問我的問題。我告訴他不用。他似乎知道我對他抱持戒心，而且我對這次採訪並不熱衷。他不自在地找話題，倒使我開始喜歡他了。從他給的暗示（「我們已經徹底地調查過你了」），我感到非常震驚——他知道這次旅行的一些細節、和我有過接觸的人的名字——有很多事情，我故意要隱藏，為的是保護這些曾經參與其中的人。

「拜託，」我懇求，「請不要在節目中提及那些名字。我擔心他們的生命會受到威脅，他們是我的朋友。」

「該死，我不會做任何天殺的事情去傷害他們，」他說，「你看，我是站在你這邊的。」

「你是如何得知這一切的？」我問道。

「噢，這是我們工作的一部分。」他說。

我們坐在他的辦公室，雙方都覺得沉悶，快要累死了。我們有一搭沒一搭地聊。他問到科茨的節目進行得如何，他聽說很棒。「那會讓我想要做得更好。」他說道。

「他有完整的一個小時，但你只有半個小時。」我說。

他從書桌上拿起一瓶威士忌，想請我喝一杯。我拒絕了。「聽我說，約翰。該死的，我知道在所有的節目和報紙採訪中，你沒做別的事，就只有回答問題。但是今晚，你可不可以振作起來，真正為我的節目付出全力？」

「無論如何，我都是摸著良心在做。」我回答。

「你知道嗎？我要告訴你一件事，」他說，「我怕死你了——我的意思是，你竟然做了這樣的一件事——」

「那你就沒有我想像中那麼了解我，」我說，「事實上，我才怕你怕得要死。」

他突然大笑起來。「好吧，我向你保證，你沒有理由怕我。」

我們之間的氣氛重新活絡了起來。我們倆都確信節目將會順利進行。

我們走出辦公室，來到舞台上。這裡只有兩把椅子和一個菸灰架。攝影人員和導演幫我們做好準備，將電線隱藏好，在我們的脖子上繫上麥克風，並且大聲說明指示。華勒斯一直在抽菸，同時一邊對我微笑，一邊大聲咒罵回應那些朝我們吼來的指示。「記住，」他說，

「我們必須在半個小時內做到你和保羅一個小時的成績一樣好。」

「我會說得很快。」我回答，透過強光看到了位於暗處的攝影機。工作人員開始倒數。紅燈亮了，正式開拍。華勒斯一邊說話，一邊抽菸。他向我提了一些很聰明的問題，板著面孔，吸引我注意，並鼓勵我回答。那一刻，我覺得全身是勁。我忘卻其他事物，只記得他與他的問題，並加以回答。疲憊感蕩然無存，取而代之的是深深的著迷。興奮之情讓我們得以繼續下去。訪問結束後，我發覺一切都進行得很順利。我們結束時，華勒斯大喊：「百裡挑一，不可多得啊。取消其他節目，立刻安排播出這次的訪問。」

那是一次非凡的經驗。我從來沒有遇過像他一樣出色的訪談人。

四月一日
曼斯菲爾德

法語廣播電視公司（Radio-Television Française）從巴黎派了五名工作人員，要在我於曼斯菲爾德的家中進行面對面的電視訪談。我與評論員皮耶．杜馬耶（Pierre Dumayet）和電視劇《最後五分鐘》（*Les cinq dernières minutes*）導演克勞德．盧塞斯（Claude Loursais）一起忙了三天。昨天晚上我送他們去搭機，然後才有時間坐下來工作。但是我很難好好工作。我的故事傳遍世界各地。郵件、電報和電話不斷湧入。

曼斯菲爾德的情況很詭異。我沒有與城裡的任何人聯繫，也沒有人聯繫我。但是，我知道我的事在商店和大街上都被人熱烈地討論——當討論轉趨激烈時，一些藥劑師和其他幾個人都起身為我辯護。我避免去市區，也避免進入任何店家，擔心我在那裡會讓曾經是我的朋友的人感到尷尬。

那間開設在高速公路旁，且是本地種族隔離主義者聚集地的餐館換了新的告示。過去有段時間以來，餐館外的告示寫著「**我們不服務黑鬼**」。過了段時間，它被一個更大的告示取代，註明「**只限白人**」。現在又添上了另一句標語：「**白化症病人禁止入內**」。這個讓我父母作嘔的標語，卻讓我覺得很有意思。我很驚訝也很佩服餐館老闆佛伊．科里（Foy Curry），他畢竟還是有腦袋的，竟能話中有話。

城裡的女性把爭論的焦點放在我是否做了一件「基督徒」該做的事。我感覺到，儘管她們之中大部分都不喜歡我這麼做，但至少有很大一部分的人知道我這麼做，是為了黑人，也是為了她們和她們的孩子。當然，到目前為止，我收到的郵件絕大多數都是道賀。我開始希望我只是過度悲觀，或許我還是可以獲得諒解，從此在曼斯菲爾德過著平靜的生活。

四月二日

早上的一通電話把我吵醒。我從前窗望出去，看到田野和樹林，一片寧靜的春景。然後我接起電話，原來是來自沃斯堡《星報》（*Star-Telegram*）的長途電話。我心想，他們要跟我談些什麼呢？因為他們完全沒有報導我的故事。記者在電話上。他謹慎地問我情況如何。

「據我所知，目前一切都好。」我說。

「你似乎沒有太激動。」他說。我開始感到不安。

「我為什麼要？」

「你是說，你還沒聽說嗎？」

「什麼？」

「今天早上，一個象徵你的假人被人吊在城裡大街的紅綠燈上。」

「在曼斯菲爾德嗎？」我問。

「是的。」他跟我說《星報》接到匿名電話，說有種族主義者將象徵我的假人吊在大街上。報社與當地警員確認過，紅綠燈上確實吊了個假人，半黑半白，上面寫著我的名字，背上塗著黃色條紋。

「你有想發表什麼評論嗎？」記者問道。
「很遺憾發生了這樣的事，」我說，「這只會讓小鎮的名聲更糟糕。」
「人們似乎對你所做的事情感到激動。曼斯菲爾德有很多人在說閒話。你認為這是真正的威脅嗎？」
「我可能是最後知道的人。」我說。
「你認為你有生命危險嗎？」
「我也不知道。」
「你要如何回應被吊起來一事？」
「忽略它。」
「你難道不想去市中心看一下？」
「不……這種事情沒意思。」我說。
「你認為這代表了城裡普遍的情緒嗎？」
「不，我相信不是。」
記者對我的回答致謝。他說他們已經派出了攝影師去拍攝假人的照片。
記者又打電話來。他和我一樣，也想知道明明整晚都有警察值班，這種事件怎麼可能會發生在大街上。他告訴我，一個雜貨店老闆在早上約五點左右來上班時看到假人，因此打電話給警察，要他「把那該死的東西從那裡弄下來」。假人被拿了下來後被扔到城裡的垃圾場，但是當記者和攝影師抵達曼斯菲爾德時，已經有人把假人撿了回來，改吊在一塊牌子上，並在上面寫著：

隨意丟棄動物屍首，罰款二十五美元

當地居民完全保持緘默。我盼望有人，任何人都行，打電話來說：「我們或許不同意你的意見，但我們認為這樣的吊刑十分可恥。」他們的沉默是如此有力而且令人煩心。一個下午過去了，我越來越感到失望。他們的沉默代表縱容這種私刑嗎？我的家人的情緒漸漸從不安轉變成恐懼。我父母和我的岳母懇求我們帶孩子離開此地，直到這件事情落幕。

那天晚上，《星報》在頭版刊登了橫貫整頁的大標題，並以六欄的篇幅報導這樁假人私刑事件。瑪格麗特．安．特納（Margaret Ann Turner，戴克德．特納〔Decherd Turner〕的太太）在電視上看到這則新聞，從達拉斯打電話來，說要來接孩子們過去他們那裡。我們打電話給住在密洛錫安的瓊斯夫婦，然後再回電給特納夫婦。戴克德說，只要有危險，我們就一定要去跟他們一起住。瓊斯夫婦也邀請我們過去，但他們認為或許我們留在達拉斯比較好，因為他們說這裡有很多人支持我。

在這種時刻，任何人的一點點仁慈都變成了一種勇氣的展現。我的父親有到城裡去，我猜想他似乎帶著反抗心理進城，但他幾乎是歡歡喜喜地回來了。他走進他平常購物的雜貨店，店裡卻突然陷入一陣沉默，然後其中一位老闆，就站在肉類櫃檯的後面，跟他打招呼。

「我不知道這裡是否還歡迎我。」我的父親說。

「天殺的，你清楚知道啊。」雜貨店老闆大喊。

「我不知道。在看到人們的表現之後，我擔心如果他們看到我進到你的店裡，他們可能不會再來這裡買東西。」

「我們本來就不希罕那種客人。」雜貨店老闆說道。

根據當天前後所發生的事，這確實代表了英雄氣概。城裡居然有人膽敢發表意見。

該帶我的太太和孩子們去達拉斯了。戴克德．特納再次打電話來，並要我帶上打字機和手頭上的工作。「我們已經在布里德威爾圖書館（Bridwell Library）幫你準備了一間辦公室。」他說道，並提到南方衛理會大學（Southern Methodist University）柏金斯神學院

（Perkins School of Theology）的圖書館。

「我不打算去那裡。肯定會有人發現。一旦發現南方衛理會大學為我提供庇護，他們一定會大力抨擊。我太不受歡迎了。我不想讓你或學校陷入任何窘境。」

戴克德很堅持。他說他們很榮幸能接待我，並提供圖書館或研究設施。他們甚至還希望我能向學生組織演講。

從我父母家回我自己家的路上，途中的鄰居們向我揮手致意。但接近高速公路，那裡的人們曾經對我們十分親切，現在卻向我投以充滿敵意的仇恨目光。我開車經過城裡，卻遭到攔截。在我遇到第二個紅燈時，一輛卡車停到我旁邊。一名戴著牛仔帽的年輕人低頭看著駕駛座上的我，告訴我他聽到有人說「他們」打算要把我閹割掉，而且日期已經確定了。他冷淡地說，不帶一絲情感，既非威脅也非同情，完全像是在說「天氣預報說明天會下雨」一樣平常。我抬頭看著他，沒有認出他是誰。我的臉頰發燙，為自己成為這樣的公眾焦點感到很尷尬。他開車離去之後，我確定他的意思是說，有外地人在策劃這一切，而非本地人。

我回到家時，行李已經收拾好了。我岳母說，城裡的人們認為懸吊假人一事是「外地人」幹的。我告訴她我無從得知，但我當然願意這麼相信。

四月七日
達拉斯

《星報》報導了一則完整且確實的故事，作為懸吊假人一事的後續報導。它把事情原委講得更清楚，釐清了動機，無疑地將整件事情提升到種族隔離和反隔離的範疇之上。

但是我們得知他們在我們家再過去的黑人學校那兒焚燒了一個十字架，而且有人說他們應該在我的土地上燒十字架。我倒希望他們這麼做，我真的希望如此——這比在學校焚燒要好得多了。

特納夫婦讓我們擠進他們家裡。在那裡被朋友們圍繞，遠離了惡霸和閹割者的敵意與威脅，我們大大地鬆了一口氣，瞬間感到精疲力盡。

四月十一日

我們回到曼斯菲爾德，決定不再躲藏。郵件湧入，令人動容且振奮鼓舞。其他地區的人，包括深南方在內，其實多半都諒解我，但本地的情況還是一樣惡劣。我們城鎮的居民為了「維持和平」，不惜一切代價。他們說我「挑撥是非」。這種說法值得佩服但也相當可悲。我也說，讓我們和平共處。但唯一的條件是先要確保公正。否則在這種情況下「和平」共處，我們最終會變成是在破壞一切和平——只要我們縱容少數強勢團體的不公不義，就等於縱容了對社會安寧的破壞、對真正和平的破壞，以及對人們之間互信的破壞。

六月十九日
父親節

迄今為止，已有六千封來信，其中只有九封是辱罵毀謗的內容。許多友善的信件來自深南方各州的白人。這證實了我的論點，即一般南方白人心懷善意，但不敢讓鄰居知道罷了，而且相較於黑人，他更懼怕他的白人種族主義者同胞。

法官柯蒂斯．柏克（Curtis Bok）寄給我他在拉德克利夫學院（Radcliffe College）非常具爭議的演講稿影本。他明確地指出：

我是對種族隔離感到很憤怒的老人。我住的城市有百分之二十五的人口是黑人，而且我懷疑除了少數地區，除了十一個南方州之外，沒有其他地方有更高的百分比了。別人總是說我無法理解問題，這讓我很憤怒。我不認為只有天才才能直搗問題的核心，了解南方騎士精神帶來的影響，包括黑白混血兒。那些說缺乏理解和需要時間解決問題的呼聲，都只是不做任何事情或只願做一點點事情的藉口。而且近一百年來，這麼做讓南方享盡好處……人們堅定地反對共產主義，但當下在族群整合上引發的衝突卻更加分化我們，甚至比共產黨人做得更出類拔萃。此時我們應該要強化並完善我們的制度，這真是我們的恥辱……愚昧與自負加乘，讓我們國家某一地區的民眾認為，世上除了他們自己以外，沒有人可以理解他們居住地的情勢。

對於那些熱愛世人，卻對自己的同胞殘酷而無禮的人，我感到萬分憤怒。

——一九六〇年，賓州最高法院大法官柏克於拉德克利夫大學畢業典禮的演講

我整個下午都在工作，然後回家，洗了冷水澡。晚上我回到辦公室。在炎熱的星期天，城裡如此荒涼令我詫異。同樣令我震驚的是，這裡沒有人會忘懷，沒有人會寬恕。每次開車穿過市區，來到樹林邊緣的辦公室時，我心中都會不斷回想起那些否定的話語。今天下午城裡空無一人，除了那些遊手好閒地站在加油站和街角的人以外。他們每個人都充滿敵意地看

著我。穿著牛仔褲、十幾歲的男孩，斜靠在大樓門口。他們盯著我。有一位過去對我很親切的城裡居民開車經過，在紅燈前停在我旁邊。我向他揮手。他冷酷地移開了視線，不想讓路旁的閒人看到他對我表示友好，也不想讓他們說閒話。我聞到了被陽光曬軟的瀝青和夏天三葉草的味道，吞下了被拒絕的難堪，繼續開車。但是我發現自己低頭看著開往穀倉的鄉間小路，察看是否有別的車擋住去路。

一路上通行無阻，但是鄰居們都在他們的院子裡。那女人緊盯著她的雙腳。我開車經過，她正在除草的丈夫抬起頭怒瞪著我。我的眼睛盯著車駛過沙地所留下的痕跡，既不向右也不向左看。（我已經點頭行禮無數次了。）從我的後視鏡中，我看到他們在我開車經過後如雕像般站在原地，透過車輪揚起的粉色沙塵，直直地瞪視著我。

八月十四日

那是個多雲潮濕的傍晚。我的父母無法忍受這些敵意，賣掉了房子和所有的家具，搬到墨西哥，希望在那裡建立新生活。我們也要離開了，因為我們認為再繼續待下去，對我們的孩子來說太不公平了。

但我覺得我必須再留一段時間，以便讓那些惡霸有機會對我出手。我不能讓他們說是他們把我給「趕走」的。他們聲稱要在七月十五日對我下手，現在他們說他們要在八月十五日行動。

音量過大、無比粗俗的鄉巴佬音樂從高速公路上的餐館穿過牧場傳了過來。我坐在空無一物的辦公室裡。我在這邊工作了這麼多年，現在這裡所有的東西都清空了，只剩下桌子、打字機和床。床單也被拆下來了，只剩下床墊呆視著天花板。空蕩蕩的書架包圍著我。在幾公尺遠處，我父母的房子也同樣淨空。我就在穀倉和我父母的房子之間，走過來又走回去。

八月十七日

我繼續留在此地。通往我穀倉辦公室的小路始終空無一人。他們沒有來找我麻煩。

我雇了一名黑人青年來幫我打掃我父母的房子，以便新主人入住時，房子能一塵不染。這位年輕人認識我，跟我說話無所保留，可以說是他確信我是「他們的一分子」的關係。由於我這次的實驗，黑人和白人都認為——既然我曾經當了七星期的黑人，所以有某部分的我仍然是黑人，或者本質上是黑人。

我們一邊打掃並焚燒舊報紙，一邊交談。

「為什麼白人討厭我們？我們又不討厭他們。」他問道。

我們談了許久，在過程中他提到了白人教子女稱他們為「黑鬼」的顯著實例。他說，這樣的事情總是無時無刻不在發生，甚至他也不去白人社區了，因為被這樣稱呼讓他很反感。他說了很發人深省的話：

「你的孩子不討厭我們，是嗎？」

「天啊，不，」我回答，「孩子是要被教導才會知道這種骯髒事。我們絕對不允許自己的孩子去學這個。」

「庫克博士就是這樣。他的小女孩叫我黑鬼。他就告訴她，如果再聽到她這麼說，他就要打她屁股直到她沒辦法坐下為止。」

黑人對白人的了解也沒有白人對黑人的了解來得多。我看到這個年輕人在很大程度上誇大了白人對黑人的感受，我感到很沮喪。但是他又能怎麼做呢？他以為白人全部都討厭他。

在雙方缺乏溝通的情況下，最不幸的後果就是黑人之間也興起了種族主義。某種程度上種族主義正當無害，但仍然是一個嚴重的問題，只會讓善意之人拚命用理解和同情弭平的鴻溝更加難以跨越。它只會強化白人種族主義者的使命。在幾乎要實現自由的這一刻，如果黑人現在轉身掉頭，對著人們白色的膚色露出尖牙，他就會犯下和白人種族主義者一樣悲慘的錯誤。

這樣的情況正在以更大的規模開展。太多好戰的領導人在宣揚黑人的優越。我祈求黑人不要錯失這個成就偉大的機會，從過去的苦難中獲得力量，不被復仇蒙蔽。

如果星星之火，果真燎原，一場愚昧無知的悲劇便將發生，人們以無知對抗無知，不公義回應不公義。這場大屠殺將會殃及無辜和看法正確的全國人民。

到了那時候，我們所有人都將為過去沒有疾呼正義而付出代價。

一九七六年，結語

促成《像我一樣黑》一書的實驗在一九五九年年底完成，當時第一次的「自由乘車者運動」[8]或是任何針對種族不正義的全國關注行動都還未展開。我實驗的目的是為了探究美國是否對美國黑人實行種族主義。大多數的美國白人都否認與種族主義沾上邊，並真心相信在這片土地上，我們對每個人的評價完全基於個人特質。在過去，只要提及種族主義，一般大眾就會想到納粹對猶太人的壓迫、集中營、毒氣室——想當然我們會予以反駁，我們不是那樣的人。

如果我們不能承認我們對待美國黑人的方式，其實也是種族主義的壓迫，那我們又怎能希望有所改變？納粹帶給我們的經驗表明了一件事：種族歧視所發生之處，不只影響所有的被害者，還會殃及整個社會。

我們是不是種族主義者？這是必須探究的要事。黑人們告訴我，白人有望了解此真相的唯一方法，就是在某個早上披著黑人的膚色醒來。我決定要實驗看看，來驗證這件事。為了進行這個實驗，我需要改變自己的膚色並剃光頭，但除此之外我不會做出其他改變。我會保留自己的穿著、講話方式、背景資歷，並如實回答每個問題。

如果真如我們宣稱的，我們完全是以每個人的個人特質作為評斷依據，那麼我作為黑人約翰·格里芬的生活就不應該會有太大的改變，因為我仍是同一個人，只是外表不同。

但另一方面，如果我們看著一個人，看見的是膚色的標記，就把所有不實的「種族與族裔的特徵」加諸在他身上的話，由於我也背負著這樣的標記，我的生活將會以我無法預料的方式發生改變。

短短幾個小時內，我就立刻發現沒有人會用我的個人特質來評價我。每個人都用我的膚色評斷。白人男人或女人一看到我，便自動地將一整套不實的特質加諸在我身上（不僅應用在我身上不成立，對所有的黑人也都不成立）。他們無法把我或其他黑人看作個體，因為他們將我們埋在刻板看法的廢話底下。他們認為我們在本質上就和他們「不一樣」：我們不負責任；我們的性道德不同；我們的智力有限；我們有上帝賦予的節奏感；我們懶惰而樂天；我們喜歡吃西瓜和炸雞。如果每次白人接觸黑人時都隔著一層刻板印象，白人要如何真正了解黑人？我從來沒有遇過有黑人說這些刻板看法全都屬實。每一次與白人接觸，即使是與所謂的「善良白人」，我們都感受到白人不是在跟我們對話，而是在與他印象中的我們說話。「可是，」白人會反駁，「他們真的是那樣。我認識好幾百個，他們都是一樣的。」白

8 編注：一九六一年五月四日，十三名自由乘客（Freedom Riders，其中包含七名黑人及六名白人）接受黑人民權組織「種族平等大會」（Congress of Racial Equality）的任命，從華盛頓特區搭乘灰狗巴士前往南部州，以檢驗最高法院裁定禁止跨州旅行的種族隔離措施的判決在各地的落實狀況。

人會聲稱黑人真的很樂天，而且他們就是喜歡那樣。

在某種意義上，這些白人的說法有其根據。因為在過去，如果黑人沒有順應「善良黑人」的刻板印象，如果他沒有演出那些刻板印象、擺出那些服從命令時的微笑，他就立即會被認為是「邪惡黑人」，被說是「囂張、自作聰明、自大」，而且他可能會因此失去工作、遭到攻擊或被趕走。

白人不管怎樣都是贏家。如果你不笑笑說好，你就會陷入大麻煩。但如果你笑了，你也會讓白人繼續相信這樣的刻板印象。

他們會說，像是馬丁．路德．金恩那些人都是麻煩製造者和顛覆分子。白人告訴他們的黑人員工，全國有色人種協進會（The National Association for the Advancement of Colored People，簡稱NAACP）和馬丁．路德．金恩都是黑人的最大敵人，而且白人真心如此認為。任何種族不公義的暗示都會觸怒白人。白人宣稱他們一直都對黑人非常好，而且只要黑人「謹守本分」，他們就會繼續這樣好好對待黑人。如果你問他們何謂「本分」，他們無法真的回答，但是每個黑人都知道，謹守本分就是要黑人活在刻板印象裡面。

白人通常會很直接地問黑人員工：「你對自己的現況不滿意嗎？我對你不好嗎？」如果黑人有任何想要保住飯碗的意思，他就必須得滿臉笑容表示滿意。

有一次我受雇做些粗活，注意到其中一位中年的白人老闆一直盯著我瞧，而且看起來越來越火大。我想不到自己可能做錯了什麼。

我當然很難過，而那種悲傷肯定流露出來了，因為最後他對我大喊：「你到底是在**煩什麼？**」

「沒什麼。」我回答。

「那你為什麼這麼**悶悶不樂？**」他說。

「沒什麼。」我又說。

「好吧，如果你想繼續做這份工作，你最好給我們看到一些笑容。」

然後我就笑了。

在過去那些日子裡，最深的絕望籠罩著黑人的生命，那是一種全然無望的感覺，因為在這個國家中似乎沒有人知道（或者他們知道，但完全不在乎）這種絕望的處境。

那些善良的白人（不是那種過分偏執的類型）敦促我們「努力工作、學習，靠自己的力量振作起來」。他們真心認為這就是解藥。但他們沒有了解到，每次黑人都以為自己在封閉的社會中發現了漏洞，可以實現這個目標了，但白人很有共識且很快就把這個漏洞填補起來。舉例來說，我們不會在圖書館的門上看到「**只限白人**」的標示（圖書館是讓大家找到知識和書籍之處），但我們都知道最好不要嘗試走進去。我們沒有在學校或大學的門上看到「**只限白人**」的標示，但我們知道嘗試進入等同自殺。最重要的是，這個聽起來很棒的建議其實對我們而言非常空洞。因為我們知道只要所有人，甚至是受過教育的人，都是用膚色來評斷我們的話，不管我們多麼努力工作、學習或自力更生，都是徒勞無功。有博士學位的人跟不識字的人一樣，都要走一樣遠的路才能取得食物、水或找到廁所，他也可能會遭到同樣粗魯的對待並被拒之門外。

所以，黑人主要感覺到的就是絕望，一切都毫無希望。

「白人不會讓你得到任何東西的。」黑人說道。

隨著自由乘車者運動、靜坐活動遍地開花，加上參與這些活動的許多人表現出英勇和奉獻精神，以及追隨馬丁．路德．金恩非暴力抗爭哲學的集會出現，那種絕望的感受開始轉變成一股希望。是有人知道的。是有人在乎的。甚至白人也表達關心。譬如馬可兄弟（Markoe brothers）和約翰．拉法基（John LaFarge）等白人神父，以及莉莉安．史密斯和像她一樣遭受種族主義者的怨恨報復的早期先鋒。

像P．D．伊斯特和其他南方的白人新聞記者則點出，那些主張這個國家不會辜負其對**所有**公民的承諾的白人，根本沒有比黑人來得更自由。任何主張種族正義的白人，極可能會被他的白人鄰居傷害。這樣的消息並未傳遞給美國所有的白人。人們一直以為自己是自由的，而這些「煽動暴亂者」罪有應得。當然，許多有正義感的白人害怕遭到報復而不敢表現出來。沒有人是自由的，但大多數人都活在自己是自由的的錯覺之下。比經濟報復和人身報復的危險更具破壞性的報復，就是蓄意的人格謀殺——一旦有人主張所有公民應享有平等權利，而且我們是主張平等為首要原則的國家，隨之而來的就是人格謀殺。要破壞一個人的良好聲譽是如此地簡單，只要說他是共產主義者或要顛覆國家就行了。這種情況日趨嚴重，導致有相關人士來找我說：「我有話想說，但一旦我這麼做，我的鄰居就會說我是共產主義者。」這種情況加劇，以致莉莉安．史密斯寫道：「現在是時候了，我們不能再把每個（白人可能對黑人表現出的）勇敢、正義、體諒的行為都歸功於共產主義者的功勞。」

我認為大眾其實從未理解民權運動者過去所面對的「特殊」處境。為了要讓對方的努力付之一炬，種族主義者絞盡腦汁，想出各種破壞他人名聲的伎倆。譬如，許多民權運動者，不論白人或黑人，都需要到處走訪、演講。早年，不少有為人士都被設下陷阱，不是造成他們身體上的傷害，就是損及個人聲譽。那些與演講機構合作的人特別容易受到傷害。任何人都可以寫信給那些機構索取講者的行程。如果有個講者需要長途飛行去演講，他降落在遠方的機場時很有可能需要使用洗手間。這時候，只要安排一兩個人在洗手間裡並污衊他猥褻就夠了。這樣的情況就曾發生在密西西比州的一位白人律師身上，而且這個事件在白人報紙上大規模曝光。他當時需要飛到洛杉磯出席公開活動。大家都知道他的行程。飛機降落時，他去男廁，而他出來時隨即被逮捕，因為有兩個男子聲稱他不雅地暴露自己的身體。他在密西西比州缺席受審並被判有罪。他被公眾貼上了變態的標籤，民權運動生涯也完全被摧毀了。

公開參與民權倡議的神職人員則經常被謠傳與女人有不道德的關係往來。奧克拉荷馬州的一名神父告訴我，有次在彌撒結束後，他把聖餐禮交給一名女士，結果她在教堂門口碰到他時卻向他投以仇恨的目光，並說道：「你的女人如何啊，神父？」另一方面，神父都很習慣被遭遇各種危難的人召喚。有另一位南方的神父告訴我，一名女士因為焦慮而聯繫他，說她無法理解聖經中的某段經文，想要立刻過去與他討論。他讓她來，但是當她想要有進一步動作時，他拒絕了她並把她送走，擔心這是種族主義者設下的「桃色陷阱」。

約翰．科菲爾德（John Coffield）神父為了抗議他的教區漠視種族不公義的問題，而選擇自願流放，他因此變成公眾人物，並被芝加哥總教區收留。我們擔心他會成為人格抹殺的受害者，甚至可能陷入這種「桃色陷阱」。我到芝加哥向他解釋，他現在作為民權運動的象徵代表必須採取預防措施，並警告他不要單獨與任何女人在一起，而且他必須非常清楚地掌握自己的行程，才能向任何人交代他某時某地的行蹤。他和接待他的神父聽到都愣住了。當我看到他們不相信竟然會有人如此大費周章地陷害科菲爾德神父時，我打電話給迪克．葛瑞格里（Dick Gregory，編按：喜劇演員與民權運動家），他那時正好在芝加哥的家中。我告訴他我的處境，並告訴他如果他願意過來幫我一起警告科菲爾德神父的話，我覺得神父會相信他。他來到教區，我們坐下來和神父一路談到早上六點。他當然聽過科菲爾德神父，也和我一樣聽過類似的謠言，說神父可能遭到人格抹殺。迪克．葛瑞格里已經給芝加哥的市政府官員打了電話，告訴他們如果任何種族主義團體企圖毀謗科菲爾德神父的話，芝加哥的黑人將會封鎖通往該市的每一條高速公路，讓芝加哥交通癱瘓，直到神父的聲譽清白為止。

我們也與金恩博士、迪克．葛瑞格里、黑人領袖惠特尼．楊格（Whitney Young）及其他活躍的民權運動人士商討人格抹殺和陷害的問題。一名黑人政府官員也建議我們採取防衛措施。我們的外出行程應該要保密。我們應避免使用公共廁所，除非有可靠的同伴同行，如此在被指控犯下不道德的行徑時，才能有人作證。我們被建議永遠不要被操弄到陷於與不認識的女人單獨相處。情況很糟的時候，我們甚至被建議在飯店辦理入住後要隨即找些藉口更換房間，因為民權工作者在旅館內被騷擾的風險很高。有次有位牧師才抵達飯店不久，他回應敲門聲，一開門就被兩名持棒球棍的男子打昏。就我自己而言，如果我在任何一個大城市待超過三天以上，我通常會試著住不同旅館或是借宿在黑人家庭裡。有次我到路易斯安那州的一座城市演講，我甚至無法在那座城市過夜，因為所有的住宿地點都收到轟炸的威脅，不准讓我過夜。

這樣的事情在整個六〇年代初期和中期不斷發生。我們過著怪異、隱蔽的生活。我們訴求一件事：要求這個國家擺脫種族主義，由於種族主義讓一群公民無法充分以個體的身分生活，更因此讓所有公民失去人性。我們訴求的只不過要這個國家實現對所有人民的承諾。但是種族主義總是隱藏在冠冕堂皇的幌子下（以愛國主義和宗教為名的居多），所以很多人都討厭我們在這些可敬的言論上亂鑽洞。顯然地，我們不得不隨時活在威脅下。當我們與迪克．葛瑞格里、馬丁．路德．金恩、莎拉．帕頓．博伊爾（Sarah Patton Boyle，編按：美國女作家及民權運動家）、P．D．伊斯特或其他數百位民權運動人士聚會時，我們會分享彼此的筆記並進行討論。有一件事很清楚：我們必須接受這一項事實，即這些原則值得拚上性命，而且有很多人想要看到我們消失在世上。一年之內，我們失去了七位友人和同伴，其中只有一人是自然死亡，其他都是慘遭殺害。金恩博士和迪克．葛瑞格里幾乎都成了宿命論者；他們早已將自己視為亡者，因為他們的死亡只不過是時間早晚的問題。他們和許許多多的人都展現無比英勇的作風，一般人幾乎難以理解。他們進到極度危險的地區。這種事可以偶一為之，但要持續這麼做幾乎是不可能的。人類的神經系統是無法承受的。

有一次我親眼看到這樣的情形。那天我在芝加哥，得知在密西西比的自由鎮（Liberty）有位黑人被謀殺。在那個年代，這種事件只有「官方說法」。沒有黑人會願意遠距離和你通話，因為他們會擔心電話接線生竊聽並因而告密。官方版本只有提到受害者路易・艾倫（Louis Allen）被人發現遭到槍殺，但由於他沒有參與民權運動，所以這件事顯然只是普通的殺人事件。我們不相信，遂決定一起去那裡了解當地黑人的說法。在那個年代，我們是這樣旅行的。我們會先飛到附近的城市——孟菲斯（Memphis）或紐奧良。會有黑人駕駛密西西比車牌的汽車來接我們，帶我們到事發地點。我們會盡快找到答案，然後閃人。

但即便一切還在計畫階段，我們仍被緊張情緒淹沒。計畫裡有些瑕疵。我們再次從芝加哥的機場打電話給我們的聯絡人。迪克・葛瑞格里想確認來接應的車上會有他認識的人。我聽到他對著話筒大喊：「除非我知道他是誰，否則我不會和那個人坐同一台車！」那時我們倆都在發抖。我們因純粹的恐懼而顫抖。我後來再跟迪克・葛瑞格里提起這件事時，他喃喃地說：「這就是人們所說的鼓足勇氣。」我想，幾乎每個從事這項工作的人都必須學習一種簡單的技巧：即使我們的身體和神經系統說「不」，也要讓我們的意志力說「好」。就算害怕，也能夠到一些地方執行任務。我們後來不經意地發現，雖然如官方所稱的，艾倫先生的確沒有參與民權運動（說得好像這是被殺害的正當理由！），但他不幸目睹了一名白人襲擊一名黑人，並被迫出庭作證。出庭的日子是週三，而他在前一個週六被發現遭到槍殺。

從某種意義上來說，在那些恐懼緊張的日子裡，我們過著很瘋狂的生活。我們形成了一個鬆散的聯盟，沒有組織，只是交換訊息，彼此幫助。我故意不加入任何組織。我們所有人，黑人和白人，或多或少都相互聯繫，同時又各自獨立。如果某個我們其中一人所在的地區發生了什麼事，特別是若涉及黑人遭到不公義的對待，那麼我們之中最近的人就會試圖找出事情真相，並在可能的情況下提供幫助。由於三K黨和三K黨的支持者勢力龐大，我們常常要借住在勇敢的黑人朋友家中。

我在南方從事調查工作時，常會和我的老朋友P．D．伊斯特一起旅行。P．D．伊斯特是《佩特爾報》的白人編輯，也是早期南方種族主義的抗爭英雄之一。他是一名風趣的天才，善於透過嘲諷種族主義者的方式達到有效訴求。他也因此被毆打、被騷擾而且被害到一貧如洗。即便身陷悲劇之境，他也保有讓人無法自拔的幽默。有一天，我們開車經過南方一個特別動盪不安的地區，那裡有很強大的三K黨勢力。我們非常擔心會有人認出我們。在那段日子，奇怪的事情常常發生。譬如警車會莫名地尾隨在後，讓我們不敢去拜訪原本打算見面的人，因為擔心後者會遭到報復。加油站、休息站的工作人員都特別善於發現可疑人物，並呈報給警察或高速公路巡邏隊。警察會用任何藉口把你攔下來——你開得太快、或者你違反某個法規——然後質問你、騷擾你。由於許多律師都是種族主義者，這往往是令人非常不安的經驗。有一次我忘記我們要去哪裡，但我們開在一條高速公路上，行經一座美麗的森林，然後我聽到P．D．開始低聲咒罵。我們非常小心地駕駛，避免引起側目。我回頭看到一輛警車，又或者是高速公路巡邏車。片刻之後，那輛車打開了車頂的警示燈，我們不得不停下來。

「讓我來負責說吧。」P．D．低聲咆哮道。

「我不會開口的。」我說。

我們等待著，幾乎嚇壞到無法動彈。我們兩個人在那個地區極度遭人憎恨。

警員走到駕駛座的車窗旁，問P．D．說我們要去哪裡。

P．D．用謙卑誠懇的語氣給了幾句回應。

警員也溫暖地回應，說我們轉彎沒有打方向燈。他顯然沒有認出我們，我們因此鬆了一口氣。我們測試方向燈，發覺其中一個燈壞了。他說他不會給我們開單，但我們應該在下一站把它修好。P．D．大大地謝謝他，然後我們就沿著高速公路駛去。從後視鏡中看到巡邏車不再繼續尾隨，而是掉頭朝反方向駛去，我們倆都徹底地鬆了一口氣。

「真是千鈞一髮，格里芬，」P．D．說道，「你有看到我跟他說話時有多冷靜嗎？」

P．D．得意地問道，與他對警員卑躬屈膝的態度完全相反。

「P．D．你太棒了，」我說，「我們開快點，趕緊離開這個地區。下一個人可能會認出我們。」他稍微加速，我們在靜默中開著車。我看著高大的樹木掠過車窗。

突然間，P．D．勃然大怒。「什麼跟什麼，那個狗娘養的無知傢伙。那個侮辱人又自大的爛東西！」

「你在說什麼，P．D．？」我問。

「你有沒有發現那個無知的混蛋竟然認不出我們？天殺的，格里芬！我們這麼有名，他竟然認不出我們。太侮辱人了。」

「你最好感謝上帝他沒有認出來。」

「嗯，我確實感謝上帝他沒有，」P．D．說道，「但這並不代表這件事不侮辱人。」

儘管發生了這一切，六〇年代初期和中期的歲月仍是充滿了希望。這個國家似乎逐漸甦醒，意識到黑人長期所遭受的不公不義。數百名白人和黑人大學生湧入黑人地區，為黑人公民登記投票。在南方以外的地區，校園裡的學生深為關切，並包圍抗議那些延續歧視行徑的當地企業。這些事件登上全球新聞的版面。全世界都在關注，也為伯明罕（Birmingham）的爆炸事件哀悼。[9]全世界都關注塞爾瑪的遊行，[10]既憤怒又深受啟發，也深深著迷於華盛頓進軍大遊行（Washington March）。[11]一項重大的民權法案在一九六四年通過。即便極具爭議性，它至少廢除了許多歧視性的地方法令。

人們的關注大幅提高固然重要，但也會造成假象。許多白人民權運動者並沒有持續密切了解美國黑人實際面臨的現實。舉例來說，著名的普立茲獎得主與《亞特蘭大立憲報》編輯雷夫·麥吉爾在《形象》雜誌發表一篇文章說民權運動的戰爭已經獲得勝利了，一切都結束了。只剩下少數一些頑固的偏執狂，他說。一切都很光明美好。

文章刊出來時，我人在亞特蘭大。麥吉爾備受黑人社群敬重。那天，我拜訪了大學中幾位黑人學者，包括班傑明·梅斯博士和山繆·威廉斯博士。所有看過文章的人都非常震驚、

9 編注：一九六三年九月十五日，阿拉巴馬州伯明罕市的一座非裔美國人教堂發生爆炸事件，造成四名黑人女孩死亡，至少十四人受傷，引發一系列的暴動。三名前三K黨成員最終因爆炸案被判處謀殺罪。

10 編注：一九六五年三月，馬丁·路德·金恩發起三次從阿拉巴馬州的塞爾瑪走到州首府蒙哥馬利的遊行，目的是為確保民權法案通過之後黑人確實享有投票權。遊行最終促成了總統詹森於同年簽署通過《選舉權法》。

11 編注：一九六三年八月二十八日，逾二十萬美國人聚集在華盛頓特區，為爭取非裔美國人的公民權利與工作權走上街頭。在這次遊行中，馬丁·路德·金恩於林肯紀念堂發表了著名演說「我有一個夢想」（I have a dream）。

沮喪且憤怒於麥吉爾完全與現實脫節且誤導的陳述，不敢相信像麥吉爾這樣資歷如此出眾的人，竟然會寫出如此悖離真相的文章。幾乎所有的黑人都可以告訴他真相為何。

事實上，同情民權運動的白人覺得一切看起來都很美好，但這只是表象。表象之下則是另一回事。沒錯，希望和決心的確在很大程度上取代了過去的絕望，這本身就是莫大的進步。但是絕大多數黑人的日常生活仍然沒有獲得改善。黑人仍因為勇於註冊投票而遭到解雇。經濟上的歧視在全國各地都很猖獗。黑人媒體報導了許多白人媒體從不提及的事件和事態發展。如果要了解事情的全貌，你必須閱讀黑人的報章雜誌。但真的這麼做的白人少到令人髮指。一次又一次，我到一些有優良社會學系的大學演講時，看到學生因為熱衷支持種族正義而遭到退學。我看到學校的圖書館訂閱了所有在我國和歐洲發行的報紙，卻獨獨沒有訂閱任何黑人的報紙、學術期刊或雜誌。我們的國家已然是兩個種族的國度（當然，有更多不同的種族，但我們在這裡主要討論這兩個），各自擁有分歧的資訊，而且彼此之間斷了聯繫，互不理解。

讓情況加倍危險的是，我們以為雙方終於開始溝通了。但我們顯然沒有溝通，因為如果黑人告訴白人觸及後者內心偏見的真相，那麼即使是那些友善的白人，也會因此感到厭惡並覺得被冒犯。多年來，最讓我感到尷尬的任務就是參加白人和黑人的會議，以執行一項荒謬卻必要的工作：我知道，而且那裡的每位黑人都知道，我作為一個從黑人回歸白人身分的白人，可以說出那些必須說的話，但一樣的話如果讓黑人說，就會遭到否定。從一個城市到另一個城市，我們為了試圖溝通而召開這些會議，而在每一次會議中，我的職責就是說出那些黑人比我知道得更清楚的事，但他們卻無法自己表達。原因再簡單不過，那就是白人無法接受聽到這些話從黑人嘴裡說出來。迪克．葛瑞格里和我曾經對此做了一項實驗。我們決定要對同一所學校的聽眾進行內容完全相同的演講。我因為我的「直言不諱」而獲得熱烈掌聲，而說了一樣內容的他，下場卻是令人不自在的一片沉默。

還有一次，這樣的事情明顯地發生在一個新教徒和天主教徒之間關係很緊張的小社區。當地大學教導聖經的教授說服兩方共同舉辦並贊助我的演講。我前去演講，並專門針對這些溝通的問題發表演說。我非常詳盡地說明。觀眾一如既往地以為我談論的是別的地方，很篤定他們這裡「不一樣」。最後，觀眾起立鼓掌，掌聲不絕於耳。

後來我參加了幫忙宣傳這場演講的白人所舉辦的接待酒會。席中有一名黑人賓客。我們被互相介紹。我被當著他的面說整個社群對這位黑人工業心理學家感到多麼地自豪，以及他如何以最完美的方式「獲得認可」。發起這個計畫的聖經教授欣喜若狂。他大聲地評論了這個活動是如此的成功，而且是多麼美好——新教徒和天主教徒終於願意一起合作，讓活動圓滿落幕。

「我認為這真是歷史性的一晚，」他宣稱，然後他轉向黑人工業心理學家並問道：「你難道不同意今晚對這個社群而言，是歷史性的轉捩點嗎？」

這位黑人博士用一種全然冷靜的聲音回答道：「坦白說，我沒有太興奮。」

聖經教授的臉色一變，他說：「你是什麼意思？」

博士接著說：「我的確在這個鎮上擁有一份好工作，我似乎得到尊重，也獲得了符合能力的薪資。**但是**我無法在這裡購屋、租屋，或建造自己的家，我只能讓妻小居住在三十二公里外的小鎮。只要這樣的事情沒有改變，不要期望我會對你的『歷史性轉捩點』感到興奮。」

一群白人開始躁動，聖經教授因憤怒而漲紅臉，而我在旁邊則看得很入迷。「好吧，讓我告訴你一件事，」他說，「如果你這麼憤世嫉俗，我不知道你如何期望我們會為你做任何事。」

我聽到一位當地的神職人員對站在他身旁的女士喃喃自語。「我就知道如果我們邀請那個黑人，一定會有麻煩……」

那位聖經教授幾乎失去了自制力。他認為黑人博士應該要親切有禮，但後者卻沒有，所以教授不停地責罵。博士很冷靜且不為所動，他的回應完全切中要點。

我旁觀著，直到教授幾乎生氣到要尖叫才介入。「這難道不是很值得一提嗎？」我說，「在這裡，你們為我直言不諱地說出一樣的真相而起立鼓掌。而現在有一名黑人，他的知識遠勝於我，他用真相向你致敬，而你卻對他發怒。你願意聽我說話，並為我說的話鼓掌，但是你還是無法忍受這些話從黑人的口中說出來。」

終於說到重點了。但如果那位博士沒有被邀請而且沒有說出真話的話，我很懷疑這個主張是否有機會被聽見。

黑人幾乎隨時隨地都承受著這種雙重標準。白人說正確的話、對種族的不公義表現出深切關注、表示決心要解決種族主義問題，但白人卻從未與黑人平等協商。這個國家所說的話和表面上相信的事，對比黑人的實際經歷，便顯得非常分歧，讓人憤怒。

作為隨時與這兩個族群相處的人，我看到未來只會有更多問題。在「種族問題」浮出檯面的城市，我經常會被當地很有誠意的社群領袖邀請，他們通常是市長、大學校長或市議會議員。他們要我研究當地情況並加以回報。首先，我會參加會議，並聽取白人的簡報，通常是受過訓練的白人社會科學家。然後我會被帶到黑人社區，在那裡，我會聽取黑人領袖、有時則是黑人社會科學家的簡報。沒有任何一座城市會在同一場會議上舉行這兩場簡報。聖路易斯、羅徹斯特、底特律、堪薩斯市、洛杉磯等許多城市都是如此。在每座城市，總有些真誠的人對同樣的狀況抱持不同的看法。我總是把矛盾點出來：我被邀請到一個我並不真正了解的地方。你問我的這些問題，為什麼不直接拿去問當地的黑人領袖呢？紐約州羅徹斯特市爆發第一次的種族衝突時，我被邀請去協助當地領袖。[12]我前去並發表了一場很長的演講。領袖們都很關切議題，也很有心。演講後，他們問我的第一個問題是：「好吧，格里芬先生，那我們現在應該做的第一件事是什麼？」我告訴他，我被請來與社區領袖商量，但我卻坐在一個滿是白人的房間裡。問這個問題的白人非常懊惱地拍了拍自己的額頭。「我怎麼從來沒有想過去問他們任何一人。」他抱歉地說。

「所以你了解發生了什麼事，」我說，「黑人會知道有這場會議。我已經跟許多當地的黑人諮詢過，因為這是我獲得資訊的方式。從他們的角度了解問題。你把我從大老遠請來和社區領袖諮詢一個會廣泛影響黑人社群的問題，卻沒有邀請任何黑人參加。」我警告他們，黑人會將這種事情解讀為白人永遠難以理解黑人的例子，而且他們必須謹慎地邀請黑人社群認定的領袖，而不是只是少數幾個商業界或白人領袖所認為的領導者。

會後我接到一位白人領袖的電話。他問道：「我們如何找到黑人們敬重的黑人領袖呢？」

「問黑人，問很多很多的黑人。」我建議道。

這種情形幾乎無處不在。我會被邀請到場，然後白人常常當著當地黑人的面，問我一些應該向在場的黑人提出的問題。他們了解當地社區，而不是我。一直以來，這對黑人都是種冒犯，是白人顯然不了解的眾多冒犯之一。它真正傳達給黑人的訊息是，我們最好屈服並想辦法尋求白人發揮出色的解決問題的能力，好讓事情告一段落。就是這種態度讓黑人相信種族主義是如此深植在白人心中，因此要白人真正理解黑人是全然無望的。同樣地，這種態度絲毫沒有為黑人帶來信心，因為黑人看到對自己生活造成影響的問題全都交由白人處理，而且白人完全不跟黑人請教。

所以從表面上看來，白人會覺得事情都很美好且光明，我也總是被催促著承認我們已經取得了長足的「進步」，但其實怨念在黑人之中不斷增長，特別是對於受過教育的黑人而言。

許多黑人倡議代表，譬如金恩博士、羅伊・威爾金斯（Roy Wilkins）、惠特尼・楊

12 編注：這裡意指一九六四年七月二十四日發生於紐約州羅徹斯特的暴動，起因為當地警察試圖在街區聚會上逮捕一名喝醉酒的黑人青年，但警方隨後出動警犬的作為激怒了在場群眾，使場面一發不可收拾。當時的州長更因此宣布羅徹斯特進入緊急狀態，直到兩天後暴動才宣告落幕。

格、詹姆斯・法默（James Farmer）、迪克・葛瑞格里、斯托克利・卡邁克爾（Stokely Carmichael）等人都警告說，許多城市市中心貧民區的局勢劍拔弩張，暴動勢在必行。在每一個我被邀請去做研究的城市（而且我常多次回訪），我會與黑人家庭一起住在黑人貧民區。我會站出來，對整個城市和社區的領導者進行最詳盡的分析，並警告他們，黑人的怨恨和挫敗會一觸即發。終有一天，一個微不足道的事件會成為導火線，震驚整個社區。

然而，在每個城市，邀請我前來的當地領袖都認為他們住在那裡，比我了解當地情形，更說我「過度悲觀」。在某些城市，就在爆炸發生的幾週前，我才剛被稱作是「過度的悲觀主義者」。當這些城市陷入混亂時，那些不相信我的人會打電話告訴我並說他們錯了，我才是對的。

「我真希望是我錯了。」我只能這樣回答。

其中奇怪的是，當我發出這樣的警告時，人們卻表現得很憤怒。這些警告被視為威脅。我常常被指控鼓吹暴力，甚至連金恩博士和迪克・葛瑞格里也都曾遭受這樣的指控。這就像指責一名醫生，他明明嘗試幫助你防止癌細胞擴散，你卻指責說是醫生害你得到癌症。但不知為何，人們往往無法面對似乎不可避免的事情，只想要逃避，因此會把這些警告視為威脅。

一九六七年，點燃的火柴被扔了出來，埋在各地的火藥桶開始一一引爆。[13] 但人們躲在一種想法背後，認為暴動事件是針對整個國家的大規模顛覆性計畫。克納委員會（Kerner Comission）因而成立以進行調查。委員會發表的報告在當時的情況下是非常具勇氣的，它顯示火柴確實被扔出，而火藥桶也爆炸了——但這些爆炸案都是單一事件，而不是任何可辨識出來且由黑人所發動的顛覆性計畫。委員會的報告警告道，那些大規模展示的「防暴措施」是造成怨恨最根本的原因，並可能觸發更多暴動。對於我們的某些領袖而言，該報告讓人非常失望，因為他們確實指望該報告可以揭露大規模的顛覆計畫，所以他們只是把報告提出的建議拋在一邊，進而評論道：「這份報告怪罪暴亂者以外的每個人。」黑人倡議者則反駁，認為這樣指責暴亂者就像是在指責爆炸了的火藥桶，於事無補。

就民權運動在這塊土地上的發展而言，這也許是現代歷史上最黑暗的時期。有更多的黑人開始相信這個國家真的在走向種族滅絕，而且從美國黑人的角度來看，確鑿的證據令人憂

13　一九六七年七月二十三日，美國密西根州大城底特律爆發了史上罕見的大規模暴動，導火線源自白人警察在當天凌晨在一間無照酒吧進行突擊檢查，逮捕了大批正替兩名從越戰中歸來的軍人慶祝的黑人。這場暴動持續長達五天，總共造成四十三人死亡，上千人受傷，共七千多人遭到警方逮捕。

心忡忡。那一年，詹森總統在國情咨文中雖呼籲社會正義和公民權利，卻遭到國會的沉默以對——沒有人用贊同的掌聲打破那樣的沉默。但他隨後提出要拯救加州紅檜的訴求卻獲得國會支持，全場以熱烈掌聲通過。這樣的訊息非常清楚且讓人心寒，顯示出國家重視的優先事項和社會氛圍，彷彿對著每個黑人說：「拯救紅檜森林。至於你，下地獄吧。」

我無比沮喪，於是向總統傳了一則電報：「我已經受夠當輸家的日子了。從現在開始，我要放棄人性，開始為樹木工作。」

各地市中心平民區爆發的衝突開始有跡可尋。從黑人的觀點看來，衝突之所以爆發，常常都是黑人被激到群情激憤，然後白人就能以「自衛」為由鎮壓黑人。

在那些衝突頻發的可怕日子裡，我常常被黑人武裝分子帶到城內擔任觀察員。我幾乎都不開口。黑人向白人尋求建議的日子已經過去了。我只是單純地被帶到內部做觀察，以防若種族屠殺真的發生，能有人提出另一種歷史觀點。我的確抱持不同觀點。我參加了充滿怒氣的集會，會中的黑人男人、婦女、兒童和學生討論著他們的經驗。每個人都說這些動盪是年輕黑人的傑作。那不是真的。中高齡的黑人也參加各地舉辦的會議並且怒火中燒。在堪薩斯州衛奇塔（Wichita），我聽到一名年輕大學生的發言，內容在全國各地都有人說過。

他描述了他在社區中所遭遇到的不公義。他露出被白人毆打的傷口。

他大聲說：「我們已經盡力嘗試了所有**正派**的做法了。」

「對，」聽眾回答道，「對，有誰能懷疑這一點呢？」

「我們要求伸張正義，他們卻用委員會搪塞。」他喊道。

「對。」

「他們甚至還透過委員會來決定我們能擁有多少自決權。」

「拿下十個！」會場後面有人大喊。

「拿下十個！」有些人回應。

那個年輕人說完話後來到我的座位旁，沮喪到幾乎開始啜泣。他看著我的眼神痛苦而瘋狂。我們握手時，他在我的耳邊低語：「當你回去時，能幫我個忙嗎？」

「好，如果我做得到的話。」我說。

「當你回到那裡時，跟你的朋友耶穌基督及你的朋友馬丁・路德・金恩說——『**媽的**！』」他用我聽過人類聲音所能發出來最深切的絕望，吐出了這個字。

在大街上，年輕的黑人會向其他人大喊道：「拿下十個！」白人以為他們說的是十分鐘的休息時間。但他們真正在說的是，這個國家正逐步消滅黑人，而由於白人與黑人的人口比例是十比一，所以針對每個因白人而喪命的黑人，黑人就應該取下十名白人的性命。

當然，新聞媒體報導主要都是貧民區外面的白人記者所轉譯的，而且充滿恐懼的白人也普遍並真心地相信這些報導。但對貧民區的黑人而言，這些報導沒有任何可信度，因為報導不符合他們在貧民區裡的經歷。在情緒高漲的局勢下，很少有白人能深入到問題發生的地區，而且媒體也還沒有雇用足夠的黑人記者去報導更加平衡的觀點。

隨著我和當地黑人分享並比較我們在全國各地的所見所聞，我們開始察覺一種奇怪的模式。即便不是所有發生爆炸案的地方都符合這個模式，其中許多地方卻吻合。在這些地方，某個身處高位者——市長、警察局長或其他官員——會接獲消息說鄰近城市發生大火，而且有大批武裝黑人驅車要來攻擊他的城市。這樣的事情就發生在愛荷華州的洋杉激流市（Cedar Rapids），當時該州的另一城市迪莫伊（Des Moines）據稱發生大火。類似的事也發生在奧克拉荷馬州的阿德莫爾（Ardmore）和德州的沃斯堡，當時據稱奧克拉荷馬市（Oklahoma City）發生大火，許多車輛正朝前者兩座城市湧來。據說加州奧克蘭全市深陷火海時，這樣的事情也發生在內華達州的雷諾市（Reno）和其他西部城市。當維吉尼亞州的瑞奇蒙（Richmond）發生大火，同樣的事也發生在該州的羅諾克市（Roanoke）。許多地方都有一樣的情形。

這些舉報都不屬實，也沒有任何城市真的深陷火海。但後來都演變成白人官員採取立即行動，與重要的社區和業界領袖取得聯繫，下令採取防暴措施。為因應即將到來的攻擊，平民都武裝起來，並駐守在戰略要地。在大多數的情況下，許多白人意識到所謂的「危險」，而當地的黑人則都不知道發生了什麼事。不過我記得有一次謠言在西岸的社群中傳開，一名白人官員打電話給他認識的年輕黑人教師。他向黑人教師提到舉發內容，並請他察看附近社區，看看是否有發生任何可疑的事情，即任何準備開戰的跡象。那個年輕的黑人走過去看了看，然後回到電話上說：「看起來很危險。對街有位女士正把嬰兒放到嬰兒車裡。街區的另一頭有個男人在修草坪。你最好採取適當的防備措施。」

然而在大多數的情況下，黑人完全沒有意識到正在醞釀中的風暴。然後一旦防暴措施啟動，一群緊張的白人伺機而動，不需什麼就可以點燃戰火。在衛奇塔，幾名白人青年開車進入黑人區，只是開了幾槍，就把黑人們從家中趕了出來。他們被白人的騷擾激怒，於是向路過的汽車丟石塊或棍子，雙方就此開戰。在上述這個例子中，警察逮捕了五名武裝的白人和十二名手上只有石頭和棍棒的年輕黑人。所有人都被判入獄。第二天早晨，所有人都被保釋，但五名武裝白人的保釋金僅為十二名未武裝黑人學生保釋金的五分之一。這個保釋金顯然不公平的消息立即在黑人社群中傳開來。在沒有白人起身抗議，甚至沒有白人發現這樣的待遇是不公正的狀況下，黑人認為這非同小可。

在其他城市，只要將石頭扔到黑人的門廊上，就足以讓他們站出來，引發對抗和瘋狂衝突。

有些城市逃過一劫。但謠言的散布卻以各種形式在許多城市中引發了戰火。

誰是主使者？我不認為有人真的知道。白人很肯定這是由外地來的黑人煽動者進到當地社區，並從內部引爆所造成。黑人認為這是公然撒謊，因為爆炸是在貧民區外面發生的，而且至少到爆炸發生之後，他們也沒有看到所謂「外地來的黑人煽動者」。而且在一九六七年，不需要有人進來挑起黑人的怨恨，因為怨恨早就赤裸裸地公諸於世。

在這些城市中，原本該出現數百輛武裝黑人卡車聚集，卻都沒有出現。黑人問：白人怎麼會沒有意識到這件事，並駁斥那些反覆的謠言呢？在愛荷華州達文波特（Davenport），官員獲悉有一大卡車的武裝黑人從華盛頓驅車而來。警察警告公民領導人，並前去接應那輛巴士。確實有一大批來自華盛頓的黑人，但他們沒有武裝。他們是巡迴旅行中的教師。

再次，關於到底是誰挑起了緊張對峙、謠言和爆炸事件，我們看到了雙重觀點。黑人確定絕對不是黑人，而且普遍擔心這可能是某些白人種族主義團體的陰謀，認為這彰顯了種族屠殺的操弄。那段日子裡，我從一座城市旅行到另一座城市，從貧民區看出去的景象悲慘且讓人心生恐懼。外圍的白人開始武裝起來以抵禦黑人攻擊（並打從心裡相信真的有人在煽動種族戰爭，且黑人會起而攻擊白人）。而黑人大多沒有武器，只是困在貧民區，感覺到被武裝的白人所包圍。黑人父母也試著盯緊自己的孩子。黑人談到了古老的「殺戮許可」，讓種族主義者可以對黑人犯下任何罪行並全身而退。

在黑人眼裡，當地白人領袖的公信力也蕩然無存。我和黑人會面討論當地事件時，他們會很堅持地問我是否有發現誰是從外面進來的黑人煽動者，擾亂了他們這些「善良黑人」。並問我是否有發現這些暴亂背後有共產黨員主導？當地白人官員一定了解當地的情況，所以黑人無法相信白人官員竟然會認為這些爆炸案是「外部煽動者」或共產主義者所主導的。黑人認為這些白人官員完全沒有誠信可言。可悲的是，據我所知，白人官員其實真心相信暴動原因並非來自自家後院，而是來自外部。

一九六八年，在邁阿密共和黨代表大會上，由於媒體雇有即便在危機時刻也可以進到黑人區的黑人記者，因此整個國家得以透過電視螢幕眼睜睜看著暴亂發生。他們看到警察無故突襲黑人政治黨團，因為這些黨團拒絕讓白人記者通行。他們看到宵禁令在下午宣布，但當時大多數的黑人都還在工作或沒有打開收音機。他們看到大多數黑人得知宵禁的方式是看到那天傍晚執法人員走進黑人區，釋放催淚彈，然後才用攜帶式擴音器宣布說宵禁已經在當天六點生效實施了，所有的人都要回去待在家中。經過一連串挑釁之後，這座城市陷入暴動。全國都看到了，記者們也提供了專業優質的報導。新聞評論員甚至提到該城市很熱，人們會到屋外納涼，因為當地的住宅很少或甚至沒有設置空調。然而就在幾個小時之內，該州的一位高級官員就無聲無息地宣布，他們正在通緝犯下這個事件的共產黨員和黑人外部煽動者。他們大概從來都沒有找到那些主事者。黑人在全國各地目睹了這一切，對白人如此輕易受騙而感到絕望。白人也看到了這一切，卻只是重複老掉牙的話，說主謀是共產主義者和黑人煽動者。

馬丁·路德·金恩被暗殺的三週前，我在西岸與一群黑人領袖會面，一起分享各自的觀察紀錄。幾乎同時，許多黑人已經確信，每當有黑人社區發生爆炸案，案件只對種族主義者有利，並讓我們更逼近種族滅絕的下場。消息傳開來，說不要讓種族主義者引爆社區。這當然也就是為何金恩博士被謀殺之後，並沒有如先前預期導致大規模暴動的原因之一。當然，一些東部城市和華盛頓特區發生了零星的報復性暴力事件，但原本預期發生的全面種族戰爭並未實現。

什麼樣的和解是可能的呢？白人對黑人的缺乏信任，但其程度其實完全不及黑人對白人的嚴重不信任。

而且幾近諷刺的是，馬丁．路德．金恩不論在生前或過世之後都成了許多黑人思想家重新評估局勢的標準。這種評估方式促成了替代暴力對抗的方案。因此，從一個奇怪的意義上說來，金恩博士在世時雖然好像很挫折，過世前也覺得自己非暴力抗爭的訴求沒有成功的希望，但金恩博士其實種下黑人嶄新思維的種子，而且從長遠來看，更讓全國公民之間得以免於正面的暴力衝突。拜這種新思維所賜，「拿下十個！」的訴求漸漸消失。黑人開始找尋其他的出路。金恩博士殉難，開啟了全新的局勢。

直到那時，黑人的想法一直專注在實現社會融合的夢想，認為那是終結歧視和種族不公義的根本解決辦法。這也是很多白人的夢想，以及很多已逝白人和黑人的夢想。這個夢想是如此之深、如此備受珍惜，而且似乎毫無缺點，以至於沒有人真正對它提出質疑。人們要有很大的意志力才能開始反思，那個夢想的實現是否會讓美國黑人陷於弱勢。一旦開啟這樣痛苦的思路，就會發現那個夢想的確有部分會弱化黑人。譬如，如果一名黑人創辦了一家公司，他可能會聽到潛在的黑人客戶說，「為了種族融合付出這麼多以後，我不要自我隔離」，因而拒絕光顧他的公司。

此外，儘管這種想法正逐漸淡化，但人們仍普遍認為大多數的「善良白人」生活在北方，而大多數的「邪惡白人」則生活在南方。當然，許多北方城市強烈譴責南方的情況。不過，雖然馬丁・路德・金恩在南方做的事情受到北方大力讚揚，但當他移師到北方城市工作時，那些曾經稱讚他的官員有時卻會在當地和他唱反調。這讓黑人了解到北方和南方的態度根本沒有區別。白人所加諸的隔離在南北方始終存在。金恩博士的北方之行表明，即使在最友好的城市，也總是會從當地社區冒出足夠的反對勢力來阻止消弭種族隔離的努力。讓人心痛卻必須承認的是，這種隔離將繼續存在於可見的未來。

接下來呢？黑人領袖和思想家開始退一步檢討整個局勢。他們的結論很殘酷。過去的夢想，而且不斷希望事情有所解決，希望能夠建立種族融合的社會的想法落了空，而現在能成功的機會也微乎其微。大批黑人被困在貧民區，哪裡也去不了。所有顯著的進步並沒有改變貧民區的黑人所遭遇的問題。黑人仍然不能像正常人一樣過日子，不能是家庭的戶長，也不能成為自我尊重、自我決定的個體。在這些殘酷而暴力的循環中，希望一度燃起，然後又遭到白人社會的情緒席捲，黑人能有哪些應對方法？

黑人領袖思考著。他們必須找到某種絕妙的主意，才能將看似絕望的困境翻盤成有利局勢。第一步是接受現實並採取對應的行動，而不是靠未來的某種模糊的夢想，認定所有人有一天都將了解種族正義對整個社會的好處，而不僅僅是為了被壓迫者。

一旦從這個角度切入，一些驚人的事實就變得很清楚。黑人思想家放棄了舊有夢想，開始揭露既有制度的弱點。這些弱點中的第一項是哲學家所稱的「破碎的個人主義」。一旦有了定義，黑人立刻就可以理解並察覺到這個概念。「破碎的個人主義」實際上指的是想要融入社會的黑人的遭遇：為了成功，他必須模仿白人（至少當他在白人面前時）——白人的穿著、白人的說話方式、白人的想法，並體現中產階級白人文化的價值觀。這意味著他必須隱藏、否認他的自我，還有他的黑人特質與文化，彷彿這一切不知為何都是可恥的。如果他成功了，他就變成被疏離的邊緣人——被他自己的文化實力和黑人同胞所疏遠，而且當然他永遠不可能成為那個他所模仿的白人，因為他皮膚裡的黑色素，白人永遠會把他看成本質上的他者。一旦了解「破碎的個人主義」的概念，所有生活在這個觀念方方面面底下的黑人當然也都了解了。一旦了解後，黑人就可以採取積極的行動反抗它。「兄弟」和「姊妹」的概念席捲而來。黑人有意識地停止模仿白人的穿著、言語和禮節。黑人透過研究黑人歷史，找到黑人的自尊，甚至使用以前曾具有壓迫意味的「黑鬼」之類的字詞，扭轉了「破碎的個人主義」所帶有的弱點，奮力不懈直到他們能找到自己的美而成為「新黑人」的象徵。

黑人思想家談到將貧民區改造成花園，接管當地的學校，建立「國中之國」。他們指出了舊制度在經濟上的弱點。黑人區的大多數企業都是白人所有，特別是大型連鎖超市。黑人被告知說他們的美金如果花在這些商店其實就失去了力道，因為買賣的利潤都進到了白人銀行。這些銀行不會歧視要申請電視和汽車貸款的黑人，卻會歧視要申請小企業或住房貸款的黑人。有了這種認識，芝加哥的黑人開始巡視這些商店，跟大家說如果這些商店希望能再向黑人售出一包生菜的話，那些商店就必須聘請黑人雇員，包括管理階層。而且商店在貧民區，收益就要存入當地的黑人銀行。這些黑人銀行不得歧視黑人所提出的貸款申請。商店都必須遵守規定，這在芝加哥是如此成功，以至於這個方法開始在全國被廣為採納。

在比較個人的層次上，人們開始理解，而且很快地理解到黑人社群必須努力，以拯救黑人男童。以前往往都是擔憂黑人女孩。但現在有人指出，黑人男童在黑人學校裡用的也是白人教科書，使得他們在小小年紀就會得出結論，認為歷史上所有的英雄都是白人。此外，除了像馬丁．路德．金恩、羅伊．威爾金斯、詹姆斯．法默等舉世聞名的黑人民權領袖以外，黑人男童經常看到的成年黑人都是無能且失敗的。舊照片呈現的往往是白人牽著黑人的手，說要幫助黑人解決問題，而這只是再次讓黑人男童不願長大成為黑人，認為這不值得，進而扼殺了他成為成年人、成為能夠解決問題的個體的精神和意願。這種看法席捲了整個國家。黑人父母開始要求教科書改革，並主張所有牽涉黑人的問題，都要公開讓黑人參與尋求解方的過程。有一些白人長期投入民權議題，看到了這種新觀點的強烈重要性。被視為民權運動英雄的索爾．阿林斯基（Saul Alinsky）和詹姆士．格羅皮神父（James Groppi）等人開始漸漸淡出公眾的視野，但私底下仍繼續投入。他們的感受，就如同現在的許多黑人一樣，認為為了黑人男童，黑人應該被視為解決問題的人和領導者，且白人不應成為關注的焦點。

一些從未真正了解過問題的白人，因其角色突然不被需要而覺得被冒犯。他們一直覺得自己是「引領貧窮黑人走出叢林的善良白人」。他們很多人是我們這個時代最可悲的一群，善良的白人致力於幫助黑人模仿成為白人，「讓他們達到我們的水準」，卻沒有意識到這種態度會帶來多麼嚴重的侮辱。

黑人的觀念迅速改變，但白人的理解卻很落伍。大多數的白人都跟不上黑人進步的想法。看到這麼多長期從事民權工作的白人突然被黑人的思想排除在外，真是讓人著迷卻也讓人感到悲哀。黑人學生特別意識到這點，主張必須給黑人孩子自己立場的觀點，並消除所有過去認為該被白人領導的觀點和暗示。大學生組織黑人學生會，並排除白人學生。很少白人學生能夠理解。畢竟，白人大學生一直是爭取種族正義之戰中的中流砥柱，也有很多人英勇地投身這項使命。但白人在種族主義萌芽之初就擔任領導地位，也長期強化了白人，而非黑人，才是種族正義運動的英雄這一觀點。真正很有心且了解實情的白人，獲得了黑人的感謝，黑人也建議他們回到自己的白人社群，對抗那邊的種族主義，因為種族主義最終帶給非種族主義白人和黑人一樣嚴重的壓迫。有些人真的這麼做並持續努力，儘管這樣的工作可能比與黑人合作來得更為繁重。

黑人大學中也有一樣的原則，那裡的學生越來越強烈地要求雇用黑人教師。許多白人教授以歷史學家、人類學家、社會學家的身分幾乎貢獻自己的生命和學術生涯，致力於解決種族主義及其根治的方法，認為他們這麼做是為了受壓迫的種族主義受害者（而且因此經常遭受社會和學術上的侮辱）。但這些白人教授也被要求要離開學校，由黑人教師取代。他們當中有些人感到非常不是滋味。

他們有些人在各個學術領域中都是權威，同一領域的黑人權威也都認可，可是他們卻被學生告知他們的研究並不切身，因為他們不是黑人。畢生的志業被外行人隨意鄙棄是一種嚴重的侮辱。一位曾經大力倡議民權的老一輩學者，現在稱黑人為「那些黑人流氓」。另外有位社會學家仍在研究醫學和醫學院的歧視問題，最近跟加州醫學院的一位以該院黑人醫學生的成就為傲的教授說：「好吧，我希望你生病時可以打電話給**他們**其中一位。」

這種人，由於被黑人排除在解決種族隔離問題的進程之外，他們深感被冒犯，因而有時會開始尋找他人劣等的表現，作為自我防衛的手段。我們在科學家身上看到這些主張反覆出現。甚至最近一項研究指出，智商較低的男性（透過白人主導的測試）應接受輸精管結紮術。以一百分為標準，智商每低一分就多給一千美元，所以智商九十的人會得到一萬美元的節育金。這被認為是種族滅絕思維的另一個例子。

這都是現況的一部分。有些人將其稱為極化。我們許多人，無論是白人還是黑人，都還記得六〇年代初期和中期，那時我們並肩努力，唱著「我們一定會勝利」，認為成功指日可待。

但現在，儘管我們仍會陷入自相殘殺，但確實比過去更有希望了。過去，希望是建立在大多數人的情緒之上，脆弱而容易鬆動。這現在已經不復存在了，取而代之的是現實主義，嚴酷、充滿矛盾，是個更堅實的基礎，讓黑人可以繼續走向成為能夠正常生活並能自我決定的個體。這一切都是不可逆的。

極化。隔離。不論是白人或黑人，沒有人想要這樣。這種現象的發生是因為我們的夢想沒有實現。許多人即便接受現在的現實，也仍然懷著舊夢。

幾年前，我坐在底特律的一座禮堂裡，神父亞伯特・克萊格（Albert Cleage）曾在這裡舉辦的神父會議上解釋，他們所謂的「黑人分離主義者」實際上是那些體認到白人所強加的種族隔離是無情也無解的黑人。

隨後一位神父起身問道：「但是，你不就是在提倡一種非基督教的方式，要人接受實際上就是白人強加的種族隔離？你是神父，而我們所有的神職傳道者不是有義務用愛將人們團結在一起嗎？」

「是的，」克萊格神父說，「而正因你宣揚這種精神的時間和強度都不夠，我們現在面臨得要接受種族隔離的現實。」

最終，一些黑人思想家認為，這種「隔離」可能是黑人與白人在未來某個時刻可以達到真實交流的最短途徑；雙方可以平等地對話，而且白人的話語中也不會再承載著無意識的指涉，像是認為白人有什麼事要「讓步」給黑人，或者他想幫助黑人「克服」他們的黑人特質。

一九七九年，他者之外

在《像我一樣黑》中，我試圖建立一個簡單的事實，去揭露一種瘋狂的情況：人都是被他的膚色，被這個哲學性的「意外」所評斷，而不是根據他的人性。

我想我證明了這一點。因為作為白人，我可以自由地去到任何地方；但是作為黑人，我受到種族隔離法律和南方白人慣例的限制。我所遭受的評斷完全是根據我的膚色，而不是我作為一個人的特質。

這個簡單的事實不容置疑，但是許多白人似乎並不理解這一點，或者不願接受真相，或斷然否認。我作為「黑人」的經驗只不過是證實了所有黑人和有色人種普遍都知道的經驗真相——即白人主流文化完全是根據膚色在歧視少數族群。

歧視的制度是一種僵化的雙重標準，其內容或因文化而異，但始終是不正義的。不正義的樣貌有成千上萬種，但正義只有一種——人人平等的正義。主張要求多一些正義，或適度漸進式的正義，其實就等同沒有正義。這是個很簡單的道理。

還有另一個簡單的道理：人類之間沒有太深刻的歧異，且本質上**沒有**不同的人種。如果我們能換位思考，站在別人的立場了解自己可能的反應，我們就能意識到歧視的不義，也能看到各種偏見的慘無人道。

當我第一次在鏡子裡看到我黑色的臉龐，我就意識到自己的偏見之深。但我很慶幸能在成為黑人一週之後發現舊傷都被治癒，所有的情感偏見都消失無蹤。它們消失的原因很簡單：我跟黑人家庭同住，而且三十九年來我第一次在情感上感受到了我在理智上早已知道的事。我看到在家庭裡，所有人都是一樣的。

這一點表現在家中討論說晚餐要吃什麼、帳單該怎麼付；討論哪個孩子應該幫忙洗碗、哪個應該收拾桌面。最明顯的就是家庭成員之間的互動關係。我與黑人父母坐在一起，看到他們對挫折的反應跟所有為人父母一樣。我自己**為人父母**，也經歷這一切，我自己的孩子也是這樣。

這些年來我一直承受著的這些情感負擔——偏見和否定、恥辱和罪惡感——都一一化解了，因為我了解到**他者**根本並非他者。

所有人類都面臨著同樣的基本課題，包括愛人與受苦，努力為自己和孩子追求未來志向，以及單純地活著和不可避免地死去。這些都是每個人會面對的基本真理，是所有文化、所有種族及所有族裔的共同點。

實際上，我們與他們、我與你的二分法全部都不存在。只有一個普世的「**我們**」——只有一個人類家庭，因同情他人的能力和追求人人享有平等正義的訴求，而能團結一心。

我相信，在我們彼此能真正對話之前，我們必須先在理智上有意識，並在最深層的情感層面上去理解「**他者**」並不存在——所謂的「**他者**」在所有重要的本質上，其實就是**我們自己**。

光憑這一點，就可以解放文化的囚籠。刻板印象讓人們能夠繼續為他們對人性的虐待加以辯解，而這一點，可以中和刻板印象的毒藥。

後記

羅伯特・博納奇（Robert Bonazzi）

「無所畏懼是精神生活的首要條件。懦夫永遠不可能是有道德的。」

——莫罕達斯・甘地（Mohandas Gandhi）

「不被看見、了無實體、聲音與肉體脫離。在這樣的情況下，我還能怎麼辦？當你的眼睛看穿了我的身體，我除了試圖告訴你真正發生的事，還能怎麼做？而真正讓我感到恐懼的是：有誰知道其實我以較低頻率的聲調為你發聲呢？」

——拉爾夫・艾里森（Ralph Ellison），《看不見的人》（*Invisible Man*）

五十年前，約翰・霍華德・格里芬於一九五九年展開他偽裝成黑人穿越深南方的旅程。

他冒險大膽實驗，挑戰一個簡單卻從未驗證過的挑釁假設。他試圖以黑人勞動者的身分體驗日常生活，並把發生的一切如實地記錄在日記裡，不管他的發現是否是有偏見、令人難堪或無知的。他第一次看著鏡子檢查自己的偽裝時，就是首次對自己誠實與否的測試。在那裡，他看到「一個陌生人的臉龐和肩膀——一個兇猛、光頭、膚色非常黑的黑鬼」朝他怒視。

《像我一樣黑》書中這段簡潔有力的段落，讀起來就像是現代文學小說中角色失去身分認同的場景，但這不是虛構。在那啟發性的瞬間，他對自我的感受，不論是身體上的、精神上的還是情感上的，都被丟入一片混沌之中。但是，是誰凝視著誰呢？他是映照在鏡子裡的黑色臉龐，還是映照出來的白人意識？他很快地了解到自己身兼「觀察者和那位驚慌的人」。格里芬把最深的恐懼投射到鏡子上，促使他否認自己所目睹的事實。知識分子長期把自己情感上的偏見合理化，卻被他突如其來的厭惡反應反向揭露。「最慘的是，我覺得我一點也不想和這位新生之人成為同伴。我不喜歡他的樣子，」他寫道，「但是改造已經完成，沒有回頭路了。」

鏡子裡的陌生人就是所謂的「他者」——每個文化對另一個文化所貼上的、具有威脅性的刻板印象面具。格里芬遇見了「作為他者的自己」，直接面對自己潛意識裡的種族主義。一開始，他否認自己目睹的真相，將其合理化說是他認不出自己所帶來的驚嚇——其實正是因為他認不出來，他才會如此震驚。然而那次改變性的相遇使得一種獨特的雙重視角得以誕生，讓格里芬能夠清楚地看到白人在他黑色的皮膚上投射的偏見，以及黑人所熟知的種族主義現實。雖然他永遠無法挖掘到只有非裔美國人才能真正體會的經驗深度，但他卻遭受了種族歧視的瘋狂仇恨長達數週之久。

應當時黑人民權領袖的要求，格里芬為多數是白人學生的聽眾進行了一千兩百多場演講。他鼓勵學生摒棄過去世代的偏執，並自己想像一個願景，能治癒白人社群，並建立一個和平、不再有種族隔離的社會。他書寫種族主義的核心概念是：統治集團的成員往往視少數族群為「**本質上的他者**」，因為他們在某些外在方面**看起來不同**；他們也認為少數族群「不過是他們自己文化囚禁下的未開化版本」。這個觀念可以在他的經典著作《像我一樣黑》找到，也在其開創性的論文〈本質上的他者〉（The Intrinsic Other，一九九六年出版）中明確表達。

在那篇論文中，格里芬檢視了這種人們反覆灌輸傳統價值觀的態度，並闡明種族主義觀點固有的邏輯謬誤。「這種態度的特點之一就是，它對於說話者來說聽起來很平常，但對於聽者來說卻是極其不自然的。」他寫道，「這種態度揭露了說話者的謬誤，錯誤地將其他人視為本質上的**他者**、本質上是不同的人。這種本質上的差異總暗示著一定程度的優劣區分。」

偏見由長輩直接或間接地教導，但我們都沉浸在這個被不斷灌輸的過程。這個缺乏意識的溝通環境，我們囚禁其中，看不到制度性種族主義的問題。我們會否認種族主義在這個新的世紀還存在著，但我們的否認會繼續鞏固制度性的過程。格里芬寫道：「這個過程隱含的是對種族主義的認可。」他引用愛爾蘭法學家柏克的說法，因為後者提供了「一個錯誤的標準，就在後者說『我不知道要如何起訴一大群人』之時。種族主義始於我們僅僅因為認為他們是我們自己的未開化版本，從而不斷強化這種刻板印象的盲目無知，就對一大群人提出控訴」。

一九六一年《像我一樣黑》出版後，格里芬不斷被問到同樣的問題：他為什麼要做這樣的事？他認為這個問題無關緊要，並指出黑人**永遠**不會問這樣的問題。儘管如此，他還是試圖回答：「如果我能換上黑人的皮膚、過那樣的生活，再與別人分享這種經驗，也許我們就可以在人類共享經驗的層面上達成一種理解，而這是單純的推論所辦不到的。」

但是真正的答案絕對不容易取得。格里芬必須去追尋一連串的事件，而這些事件強迫他去面對自己的文化制約。格里芬在德州達拉斯長大，該州與深南方一樣實施嚴格的種族隔離，主流的白人文化將黑人視為「**他者**」。他將自己的童年形容為「舊時的南方經驗，而且是在可怕意義上的那種。我們不富裕，也不窮。我們是南方的紳士，我接受了整套種族神話的教育」。

學生時代，他在科學領域的表現很出色，但因為沃斯堡的公共教育體系沒有辦法讓學生跳級，讓他覺得很沒有挑戰性。為了尋求更大的挑戰，他回應了一家法國男子私校的報紙廣告，說他願意掃地來賺學費。令他驚訝的是，六個星期後他獲得了位於圖爾（Tours）的笛卡爾中學（Lycée Descartes）的獎學金。儘管他不會說法語，而且他父母態度遲疑，也只能負擔單程機票和微博的每月津貼，他還是在一九三五年十五歲時航行到歐洲。

抵達歐洲後，他接觸不同的文化，在接下來幾年中發生了深刻的改變。他記得當時很高興看到課堂上有非洲學生，但是當他們一起坐在同一張桌子吃午飯時，他憤慨不已。他問原因，他的法國朋友立即回答：「為什麼不行呢？」少年的他驚訝且羞愧地察覺自己從未問過這個問題。儘管「古典教育」擴展了他的知識和觀念，但他潛意識裡的種族主義仍然存在。

從中學畢業後，他在普瓦捷大學（University of Poitiers）修讀文學課程，並在圖爾的醫學院（École de Médecine）修讀醫科課程。兩年後，他成為圖爾庇護所所長皮耶爾・弗羅門蒂（Pierre Fromenty）博士的研究生助教。德國占領期間，所長被徵召加入法國醫療隊。而無法被徵召入伍的美國人就被任命負責一千兩百名患者以及天主教修女組成的護士團。就在他加入同學們組成的地下抗爭組織後不久，庇護所變成了安全屋，讓受傷的士兵在此接受治療。

地下組織也為來自德國、比利時和法國的猶太家庭提供了臨時庇護。猶太家庭寄宿在巷子裡的房子。在那裡，格里芬會聽到猶太父母懇求他帶孩子們去安全的地方，因為他們知道他們最終將被送到集中營。他幫助十五歲以下的兒童逃難，讓他們偽裝成穿束衣的精神病患，用庇護所的救護車從圖爾逃離到鄉下，其他的團隊成員再把他們帶到英國。一九四〇年，當地下組織攔截到蓋世太保的黑名單，其中也包括格里芬的名字，他就被引渡到法國，再經由英國和愛爾蘭，最後回到美國。

格里芬親眼目睹了大屠殺的悲劇後果。納粹將大屠殺精進到極其醜陋地完美，是對一大群人（歐洲猶太社區）的控訴；他們將德國社會的每一個問題都歸咎於受害者。但他當時還不了解華沙的貧民區和美國各個城市貧民區之間的相似之處，也不了解反猶太主義和針對黑人的白人種族主義之間的同質性。種族隔離雖然在實際運作上合乎法律，但就倫理而言，它不公義也不道德，是對一大群人、全體美國黑人社群的控訴。

他在一九四一年入伍加入陸軍航空隊，第二年被派遣到太平洋戰區。高級指揮官很看重他的語言能力，於是把他派到所羅門群島。他在島上一個偏僻的村莊住了一年。他研究當地的原住民文化，翻譯了他們的語言，並從原住民盟友那邊蒐集戰略消息。一開始，他把當地人視為「原始人」，視為「**他者**」。但他後來無法自己順利通過叢林小徑，不得不依靠一名五歲孩子作為嚮導。他才清楚了解到「在那個文化的脈絡下，我顯然是次等的——一名成年男子，如果沒有孩子的引導，就無法存活下來。從當地居民的觀點（也是合理的觀點）來看，我是『**他者**』、我是次等的，而他們才是優越的」。他無法否認自己所經驗到的事實。

與島民同住的時候，格里芬與所羅門大酋長約翰．沃薩（John Vutha）成為朋友。他是美國堅定的盟友，共同對抗日本占領。沃薩跟蹤敵軍行動，提供盟軍重要訊息。當他被日軍俘虜並遭到虐待時，他始終拒絕透露盟軍位置。敵軍用刺刀刺了他二十二下之後，他們把他吊在樹上等死，引以為戒。格里芬寫道：「可以確定的是，如果他屈服並把盟軍的消息說出來，美國一定無法這麼快在瓜達爾卡納爾島（Guadalcanal）獲得勝利。要不是他的沉默，無數生命一定會就此消逝。」由於他的英勇事蹟，沃薩獲得了美國和英國政府授予的最高獎章。

一九四五年，當日本的一項入侵計畫被攔截時，格里芬被重新派遣到摩洛泰島（Morotai，位於今日印尼）的登陸基地，並擔任無線電操作員。空襲任務迫在眼前時，當局下令挑選一名士兵執行危險的任務。他很倒霉地被選中，被派到飛機跑道邊緣的雷達帳篷，如果敵人入侵，就要負責銷毀文件。那天晚上雨勢不斷。他第一次感受到「暴力即將來臨，必死無疑」。黃昏時分，他聽到空襲警報器大響和遠距離轟炸機的轟鳴聲。地毯式轟炸沿著飛機跑道爆炸開來。他衝下跑道，往一條狹長的壕溝尋求掩護。就在他跑到壕溝邊緣時，附近的爆炸把他炸飛，失去意識。

兩天後，格里芬才在基地醫院恢復意識，嚴重的腦震盪傷及視力。他對自己受傷的事情完全保密，假裝可以閱讀信件，假裝自己的傷勢正在復原中，直到軍方答應送他回家。他獲得了中士的軍銜，贏得了勳章和表揚，但從未保存過這些勳章、領取獎項或申請任何福利。格里芬在世界各地見證了戰爭的樣貌，後來成為終生的和平主義者。

回到家，他諮詢了眼科專家，並被醫生正式宣告為盲人。格里芬被告知，他眼睛看得到的剩餘光線將在一年內消逝。一九四六年夏天，他航行到法國，向娜迪亞．布蘭傑（Nadia Boulanger）和鋼琴家羅伯特．卡薩德修（Robert Casadesus）拜師學習音樂創作。了解到自己不會成為作曲家之後，他到索萊姆斯修道院（Abbey of Solesmes）靜修；這座修道院以格雷果的聖歌（Gregorian Chant）聞名。在那裡，他被允許與本篤會的修士共同修行。一九四七年，他經歷了一場頓悟，讓他「脫離了曾經走偏而相信的不可知論精神，最終引領我進入了天主教會」。到了那年的耶穌受難日（Good Friday），他已經完全失明了。

回到美國後，格里芬在父母位於德州曼斯菲爾德附近的鄉下房子定居下來。他進行了一項為期兩年的實驗，自己飼養牲畜，證明盲人也可以自立生活。他飼養的波中豬在本地被評選第一，而他的實驗獲得了成功。他還為視力正常的人與盲人的相處撰寫了指引，書名為《黑暗指南》（*Handbook for Darkness*），並在一九四九年出版。同年，根據他在法國學習音樂和在修道院的經歷，他在七個星期內完成了一部長達六百頁的小說。一九五〇年，他開始撰寫日記，並在接下來的三十年維持了寫日記的習慣。他還研究了有關神學和哲學的錄音帶，教授格雷果的聖歌，並於一九五一年皈依羅馬天主教。

他的第一本小說《牆外邪魔》（*The Devil Rides Outside*）於一九五二年出版，意外成為暢銷書。一九五三年，他與十七歲的伊麗莎白・霍蘭德（Elizabeth Ann Holland）以天主教的結婚儀式完婚。這對夫妻搬到妻子家族農場上的小屋，就在曼斯菲爾德的西區。他們結褵二十七年，養育了四名孩子。一九五四年出版的《牆外邪魔》的平裝本在底特律遭到審查，並由出版商提交為色情書刊的審查案例。在這場歷史性的戰役中，美國最高法院在一九五七年裁定，做出對出版商有利的判決。該裁決書立了一個重要的慣例，即對書籍審查應進行整體評估，而不是斷章取義，只根據單一的詞語或段落。他的第二本小說《裸夷》（*Nuni*）於一九五六年問世，背景是太平洋一座偏遠島嶼上。他的第三本小說《七名天使的街道》（*Street of the Seven Angels*）是一部以色情為主題的諷刺小說。該書在完成四十年後於二〇〇三年問世。

在失明的十年中，格里芬體會到了成為「**他者**」的感受，因為視力正常的人把他視作身障者。「一個人或許失去了視力，但應該讓他明白，除此之外他什麼也沒有失去。」他在二〇〇四年出版的《散落的暗影：關於失明與光明》（*Scattered Shadows: A Memoir of Blindness and Vision*）中如此宣稱：「他不會失去自己的智識、品味、敏銳度、理想以及被尊重的權利，而且仍然像以往一樣保有主體性。」

一九五七年一月九日，在毫無預警下，格里芬開始看得到淡紅色的光，而這讓他很震驚且恐懼。他打電話給妻子，說他好像看得到了，然後哭了起來。伊麗莎白派了一名醫生到丈夫的工作室，並在隨後趕到。那天，他第一次看見自己的妻子和孩子。他充滿震驚，被給予鎮靜劑，並被帶去看專科醫生。媒體開始關注這個故事，所以格里芬被隔離在附近的卡梅利特修道院（Carmelite monastery）。他定期到這座修道院靜修。他需要保持冷靜，因為尚不清楚視力是否會改善或減弱。經過數週的休息、視力訓練以及強大鏡片的輔助，他的視力穩定改善。視力的美好贈禮讓他驚奇無比。格里芬已經接受了眼盲，認為是神聖的旨意，相信他是出於某種使命而陷入了一個漫長的靈魂之夜，並相信他視力的恢復也是一種神秘治療的啟示。這種精神思維奠定了他的主張，認為公平正義就是人權，個人的犧牲微不足道。

在前往紐奧良進行《像我一樣黑》實驗的前一天晚上，格里芬在日記中寫道：「沒有任何事情比面對這個問題、直視這個深刻的信念並採取行動來得更困難，而且這麼做其實違背我們自己的渴望。是的，一定要做到——我們曾決心要刻意並完全地讓自己拋棄如此美麗的正義，屈就如此可怕的報復和對人的蔑視。我們知道的，我們甚至都這麼做了——我們採取了行動，說了一聲同意。」

格里芬從深南方之旅返回時，他為黑人月刊《深褐》撰寫了一系列文章，並於一九六〇年四月至十月發表在該雜誌，名為〈羞愧之旅〉（Journey Into Shame），也是《像我一樣黑》的初稿。第一批雜誌在報攤上架之前，他和他的家人就收到來自他家鄉曼斯菲爾德的種族主義者透過郵寄和電話發出的死亡威脅。在一九六〇年四月「被透過假人的形式處以私刑」（這是格里芬的說法）之後，他受到驚嚇的父母出售他們的土地，搬到墨西哥定居。他們的大兒子艾德加（Edgar）在那裡擁有地產。到了八月中旬，他們開車離開美國。兩天後，格里芬也把他的妻子和三個孩子送上了飛往墨西哥市的飛機。他收拾好行李並裝上自己的車，隨後很快地前去與家人會合。

他們在一個小村莊定居，俯瞰著西班牙殖民城市莫雷利亞（Morelia），就位於墨西哥市以西約兩百一十公里的米卻肯州（Michoacán）的塞拉塔拉斯卡山脈（Sierra Tarasca）。那是他們後來住了將近一年的新家，格里芬也在那裡完成了《像我一樣黑》的定稿。二〇〇八年出版的《可見的光：流亡墨西哥》（*Available Light: Exile in Mexico*）講述了這個「未收錄」在《像我一樣黑》的經歷。但後來莫雷利亞發生一連串共產主義學生發起的暴動，讓格里芬又把他的年輕家庭和年邁父母送回美國。他繼續留下來撰寫關於那場暴動的報導，反思這些諷刺的事實——他被納粹趕出法國、被種族主義者趕出曼斯菲爾德，最後被共產主義者趕出了墨西哥。

格里芬在一九六一年春天回到德州。八月二十日，他收到了《像我一樣黑》的樣書。他在日記中寫道：「這一刻總是很奇怪，看到自己的工作成果變成紙本形式——一整年的辛勞，其重量卻不到半公斤；但其他只重幾公斤的物質，也不會產生像是這本書所帶給我們的深遠影響，從此改變了我們的生活和身分。」在一九六〇年代，即便他的身分地位不受影響，他的日常生活也發生了劇烈的變化。這位孤獨的作家很快就成為積極的公共倡議者，主張用非暴力的手段倡導公平正義。

在一九六一年十一月《像我一樣黑》問世前，格里芬的獨特故事以及他對種族隔離的嚴厲譴責，就已經在麥克．華勒斯、戴夫．加洛威、斯塔茲．特克爾（Studs Terkel）等人的採訪節目中播出。出版商不確定這本書是否會引起一般讀者的興趣，所以這些節目就像是從天而降的免費宣傳機會。而對身為作者的他來說，這些節目則是開啟了幾乎無休止的煉獄，只比旅程本身好一些些。這本書在東西岸的主要媒體都大獲佳評，也獲得德州媒體的讚譽，但卻完全被南方的媒體忽視，唯一的例外是亞特蘭大的報紙。然而，種族隔離主義者侵犯人權的罪行一旦被揭露，他們是不會輕易放過那位作者的。《像我一樣黑》登上暢銷書排行榜的同時，格里芬的名字也被加入仇恨團體的黑名單中，並且被標記為「白人種族的敵人」。十年後，三K黨抓到格里芬，用鐵鍊無情地毆打他，最後放他在密西西比州的一條小路上等死。但是他倖存下來，並繼續講述種族主義。他後來行遍全國，揭露了隱藏在薄薄一層寬容底下的偏見的地貌。

巡迴演講十幾年來，格里芬承認自己一直保留《像我一樣黑》一書裡對天主教會的批評。他天真地相信，一旦教層階級意識到黑人天主教徒的種族隔離，就會廢除這種不道德的做法。一九六三年，他在〈基督徒的種族主義罪孽〉（Racist Sins of Christians）一文中寫道：「我知道教會的教義不允許人類同胞之間存有種族差異，因為教會『視人類為神聖的存在』。上帝造人，讓人人享有平等權利和尊嚴。膚色不同也沒關係。重要的是靈魂的素質。」他受到神父J．史坦利．墨菲（J. Stanley Murphy）一番話的啟示。神父說：「在任何情況下，只要任何人允許自己將別人看作次等於神聖的存在，那麼邪惡勢力就會無限擴張。」每種宗教都宣稱人權是神聖的，但是天主教的神職人員卻用「擔心會與靈魂疏遠」而將自己的歧視合理化。格里芬「知道他們指的靈魂是那些有偏見的白人天主教徒」，並心想「為什麼他們卻絲毫不會『擔心』與黑人的靈魂疏遠」。

如果前述這則主流天主教月刊《徵兆》（*Sign*）的封面故事還沒有讓教層階級足夠難堪的話，當時最激進的天主教雜誌《防衛》（*Ramparts*）在一九六三年出刊的封面故事中揭露，黑人神職人員的疏離感又更加深了。來自路易斯安那的年輕牧師在與奧古斯特．湯普森（August Thompson）神父的對話中表示：「在某些地區，如果可能的話，我們的黑人牧師可能被稱為二等教徒。」格里芬對此感到震驚。他說：「我們知道次等天主教徒的嚴重醜聞確實存在——這是眾所周知的事實，早已無法再隱瞞了。但是當醜聞講的是『次等教徒』的時候，這一切變得讓人不敢置信。」兩份報導都引起了爭議，但許多神職人員否認了這些說法，而且湯普森神父底下的主教還試圖審查訪談內容。不過，如湯瑪斯．梅頓（Thomas Merton）、法國哲學家雅克．馬里旦和黑人神學家亞伯特．克萊格等重要思想家都證實了這些指控的真實性。

一九六三年，金恩博士撰寫了〈來自伯明罕監獄的信〉，闡明了反抗種族隔離的道德意義：「不公正的法律是多數人強加在少數人身上的準則，本身不具有約束力。這是將歧異合法化。」他提出了公民不服從所回應的問題。「種族隔離難道不就是人類悲慘地區隔你我的存在性表達，表達了人與人之間的可怕隔閡、人的罪惡？因此，我力勸所有人不要遵守種族隔離條例，因為這些條例在道德上都是錯誤的。」就像他的導師莫罕達斯・甘地一樣，金恩援引基督的教導和亨利・大衛・梭羅（Henry David Thoreau）的著作。他說：「無論如何，我都不會像狂熱種族隔離主義者那樣主張逃避或反抗法律。那會導致無政府狀態。人若要推翻不公正的法律，就必須**公開**、**慈愛地**行動，並願意接受懲罰。」兩位聖者都和平地喚醒了公眾的良知，都心甘情願接受監禁，並準備壯烈犧牲。他們都是暴力的受害者，儘管他們遵守的是非暴力的守則，並擁護源於耶穌被釘上十字架的宗教理想。甘地稱之為「完美的慈善行為」。

和平反抗的戰略讓南方得以撤除種族隔離的法令。但在一九六四年《民權法案》立法之後，「種族主義者以愛國主義和基督教之名變本加厲，不僅壓迫黑人，還壓迫了所有非種族主義者」。格里芬在一九六九年的著作《教會與黑人》（*The Church and the Black Man*）中如此表示。由於社會融合「勢必取決於敵對勢力的轉變」，黑人放棄了金恩的夢想，追求其他的政治策略。

《黑人力量：美國種族解放的政治》（*Black Power: The Politics of Liberation in America*）的作者斯托克利・卡邁克爾和查爾斯・V・漢彌爾頓（Charles V. Hamilton）寫道，黑人力量

需要的是「黑人可以團結起來，好讓他們可以主導談判」。這兩位作者在一九六七年擬定關於新政治行動的藍圖中，設想了白人力量所能導致的不同後果。「最終的價值觀和目標不是統治或剝削其他群體，而是在社會整體的權力上，達到有效的分配。」對「黑人力量」最常見的批評是將其視為對種族主義的報復。這是一個錯誤的類比；因為黑人從來沒有用私刑處死白人或是炸毀白人的教堂。卡邁克爾認為，種族主義不僅是態度問題，因為「種族主義的問題只有在人有權力採取行動的狀況下才會出現」。種族主義的態度會讓人在情緒上感到痛苦，但沒有權力傷害或殺死黑人時免於受罰，後者的情況發生在警察保持緘默的一些州裡。大多數的白人都認為卡邁克爾是「學生非暴力協調委員會」（Student Nonviolent Coordinating Committee）的好戰領導人。格里芬寫道：「鮮少有白人了解到，斯托克利．卡邁克爾很有遠見，一直無懈可擊地擁護非暴力抗爭者。他不僅是擁護者，而且還英勇地過著非暴力抗爭的生活。多年來，每當他被打倒在地、被侮辱，入獄並遭受虐待，他就會跪下來為那些虐待他的人祈禱……他為那些失去人性的白人祈禱。而白人則是憎恨他，憎恨他不是『好黑鬼』這一不可原諒的罪過。最後他再也受不了了，才會轉而尋求『黑人力量』。」卡邁克爾後來為自己改名為夸梅．圖雷（Kwame Turé）這一非洲人名，從未宣揚暴力，但主張持有武器以自我防衛的權利，就如同大多數的白人、所有的擁槍團體和仇恨團體。

根據亞伯特．克萊格牧師（在《教會與黑人》一書）的說法，暴力的問題不是重點。他觀察到黑人同胞「在美國這個一直以來都如此暴力的國家，黑人是致力於非暴力的怪異分子」。至於隔離主義，他則指出：「我們是分離的，但我們卻夢想著融合，因此沒有發揮隔離的好處，而是為了剝削而隔離。」黑人解放運動期間，出現了一種新的認知，對黑人身分認同和美麗外貌的肯定，主張黑人和平的社群，追求自尊、自決和自豪。

雖然格里芬一直都是非暴力抗爭的信徒，但他在一九七一年堅持要求演講機構代表他發布這樣的聲明：「我堅定地相信『黑人力量』，就如同我相信社會上每個人都渴望整體的社會福祉。這是個悲劇，非暴力抗爭最後沒有成功。黑人試圖用它來治癒他的白人兄弟，但白人不願被治癒。然而，非暴力抗爭的影響力還是遠遠超出了我們的理解。我認為歷史將證明它為人類靈魂所帶來的重大成就。它沒有失敗，只是沒有完成任務。『黑人力量』就是從它演變而來的，是黑人對自我人性的確立，而黑人力量要求我們必須平等地對待彼此。」

這些進展替個人和群體的努力贏得了政治權力，但數百年來種族主義已經制度化，形成根深蒂固的體系，讓黑人社群無法取得平等地位。任何關於一九五五年到一九七五年黑人解放運動的評論，都不應從白人資本主義的角度來評斷，並稱之為**進步**。它應當被理解為一種革命性覺醒的**過程**，意識到基本的正義就是一個理智、道德且和平的社會的根基。我們知道那個時期的社會領袖，往往忽略了學生的貢獻，但學生是運動中的步兵。芬妮・洛・哈默（Fannie Lou Hamer）在學生的支持下於一九六四年組織了密西西比自由民主黨（Mississippi Freedom Democratic Party）的黑人代表群，她提到：「由於這些年輕人，我認為我們終於有機會在美國實現民主。」

對於格里芬來說，動盪的一九六〇年代始於《像我一樣黑》所帶來的意外人生，而以《教會與黑人》劃下句點。《教會和黑人》是收錄了黑人激進主張的文集，但白人對這些人的聲音完全聽而不聞。兩本著作唯一的共同點是它們所激發的仇恨信件。一九七〇年代中期，《像我一樣黑》在圖書館被下架，使格里芬承受了新一波的審查制度的衝擊。被下架的還有拉爾夫・艾里森的《看不見的人》（該書被公認是二十世紀最具啟發性的黑人經驗小說）以及哈波・李（Harper Lee）的《梅岡城故事》（*To Kill A Mockingbird*）。這些書成為禁書的原因都是因為其「令人反感」的語言。雖然後來被駁回，但有一樁訴訟就是針對《像我一樣黑》，指稱它「蓄意針對十三歲的年輕人」且書中都是「徹底令人反感、充滿淫穢和變態內容」。格里芬對這些白人的強烈反撲感到困惑，特別是宣稱他的演講「密謀蓄意顛覆年輕孩童的思想」的主張。到了一九八〇年代，這些禁書成為文學經典。現在，它們已經是中學到大學階段的學生必讀的書籍。

從他開始到處演講，格里芬就告訴觀眾：「我站在這裡，並不是代表黑人的代言人。」他在後來的文章中也強調了這一點。「這是一本個人的書。」格里芬在《現在，成為人》（*A Time To Be Human*）的開頭寫道。這本書在一九七七年出版，歸結了他對種族主義的概述。「我只會談論自己所經歷的種族主義；我是在德州長大的白人，後來在一九五九年成為南方的黑人，此後又成為許多主要城市和其他國家貧民區的白人。」格里芬解釋了他的立場：「我漸漸不再是參與種族和解的知名公眾人物。曾經有一段時間，白人不聽黑人的話，需要有一些白人來為正義和跨種族對話發聲。但那些日子已經過去了。黑人已經有絕對的話語權，而白人如果還假設自己可以替黑人發言，是非常荒謬的。」他同意黑人領袖的意見，建議白人倡議者應專注在教育自己的白人同胞。他以身作則，但同時也將自己看作是「一座橋梁，協調黑白雙方各自獨立擁有的資訊和觀點，畢竟他們都用這些資訊和觀點做出各自的判斷；其中包括白人所相信的錯誤資訊，而這些錯誤資訊讓白人以種族而非人性作為判斷標準」。

格里芬之所以能有效為平等與正義發聲，是因為《像我一樣黑》這個經歷的獨特觀點，以及他親身參與一九六〇和一九七〇年代的人權運動，並經歷當時的各種危機事件。而他的訴求之所以有效，則是歸功於他善於溝通的天賦和令人信服的真實經驗。由於他「同時具備接觸黑人和白人文化的管道和經驗」，因此他可以擔任兩個社群間的對話橋梁。但是他所做的事情「不是一種只屬於黑人或白人的工作」，而是一種更深層次的精神追求，他稱之為「讓人性和解的志業」。然而，他對自己是誰或自己做的事沒有抱持任何英雄式的幻想，他了解這不是「可以產生統計數字或可衡量結果的工作」。他從未期望在有生之年目睹種族主義的終結或是金恩所提到「摯愛社區」（Beloved Community）的開展。[14]即使與最深切的個人意願背道而馳，他仍然繼續努力投入。他在一九七八年接受採訪時，告訴歷史學家斯塔茲．特克爾：「成為社會運動家不是我的天性，但一個人的志業不一定合乎天性。」作為一位有所猶豫的社會運動家，公眾人物的生活讓他沒有辦法滿足對親情、小說寫作和靈修的渴望。他演講的時候，常常不是掛病號，就是在進行手術後的復健。即便行動不便，撐著拐杖或坐輪椅也要旅行工作。格里芬回應了一個更高層次的感召，主張在無情的世界中採取仁慈而深情的行動。

在《現在，成為人》一書中，格里芬回顧他偽裝成黑人時所接收到的仇恨目光，還有那些持懷疑態度、聲稱他誇大實情的讀者。「白人有時會主張，我之所以比黑人感受到更強烈的貶抑，是因為當一名黑人來說對我是新的經驗，但黑人一生都是如此。」他了解到這涉及**白人的思考方式**，白人會將自己的文化刻板印象投射在他人身上。格里芬說：「這根本都是不實的，因為偏見會燒死任何人，而且不會有人因為習慣偏見的存在，而認為偏見不會傷人。白人之所以這麼說，是因為他們**看到**了什麼，但我這麼說則是因為**我的親身經歷**。」

《像我一樣黑》問世之前，他也以為這些刻板印象都屬實，沒有質疑其本質上的邏輯謬誤——也就是假定黑人「基本上過著和白人一樣的生活，只是歧視和偏見帶來生活中的某些不便而已」。他最大的震驚並非來自生活上的不方便，而是現實的全面翻轉。「一切都不同。一切都變了。一旦我開始與白人有所接觸，我就發覺到我不再被視為人。我相信人會遇到的最奇怪的經驗之一，就是走在街上卻突然發現整個白人社會都深信你具備某些特質和特點，但你本人知道自己**沒有**。我在這裡說的不只是自己。我認識的每個黑人都曾經有過這樣讓腦袋打結的經驗。」

因此，關於他實驗真實性的問題不能只憑直覺回答。複雜的主觀意識不能被簡化為一個精確的客觀視角。不過格里芬是非常敏銳的觀察者，目睹了罹患種族主義症候群的白人的行為；他們表現得彷彿「黑人特質」就是代表次等的絕對證據。他同時是很細心的傾聽者，而

14 編注：「摯愛社區」一詞最初由美國哲學家約西亞（Josiah Royce）提出，後來則因馬丁・路德・金恩賦予該詞更深刻的定義而廣為人知。他期許未來的社會能建立在正義、機會平等和對人類同胞的愛之上，相信愛與信任能夠戰勝恐懼與仇恨，和平與正義能夠戰勝軍事衝突與戰爭。

且由於他在黑人社群中被接納為黑人，黑人會向他表達他們的真實想法和感受，而無須擔心遭到報復。沒有任何白人聽過他有幸聽到的內容，因為沒有白人曾像他那樣被信任。而他理解到的是「黑人特質不是一種膚色，而是一種生活經驗」。

格里芬用嚴厲的自我批評面對自己的種族主義，因此能夠針對自己被教導的偏見進行解碼。他沒有直接說出來，但《像我一樣黑》全書所暗示的整體精神是，他的旅程受到宗教理想的啟發，而且他發誓要服膺這些理想，以繼續向前邁進。唯有在這種精神脈絡下，才能理解他冒險進行這項實驗的「動機」。實驗結束以後，他在為本書撰寫的序言中表示，這本書「追溯了心靈、身體和智識所遭受的所有變化」。

是的，而且這本書也透過這些變化追尋了一段靈魂的旅程。《像我一樣黑》極富創造力，是**最卓越**的洞察行動，突破了傳統文化觀念的限制，揭示了一種精神上的願景，期望改變人類之間缺乏人性的互動方式。

人性本天真無邪，這些本質就是人的天性；沒有人懷著天生的偏見來到這世上。然而，我們透過學習學會了偏見，因為每種文化都教導我們要尊崇自己的文化，並隱隱地貶低其他文化。充其量，我們被教導說要有意識地寬容接受，但偏見非常狡猾，原因正是在於偏見常常是無意識的。最終，這些文化上的態度透過不理性的情感、毫無根據的見解和盲目信仰而成為固定的符碼。雖然偏見的名稱會改變（殖民主義、種族主義、種族滅絕、反猶太主義、南非種族隔離、種族清洗和種族定性），但每個別名都導致同樣的不公不義。除非我們意識到這個態度形塑的過程並強迫自己去面對、去破解，否則我們將繼續成為文化的囚徒。格里芬透過《像我一樣黑》的經驗達成了這個目標，並在一九六六年的《本質上的他者》中闡明了種族主義態度的形塑過程。一九七九年的〈他者之外〉（Beyond Otherness）則是重新回顧兩本作品，這也是他死前寫的關於種族主義的最後一篇文章。

僅僅因為一個人的膚色較深、崇拜不同的神明、遵循「奇怪」的習俗或說「外來」的語言，就讓一個人成為「他者」，這些關於「他者」的錯誤觀念被反覆灌輸給世人，最後導致了人類悲劇性的下場。外在的差異將我們分隔開來，而不是透過更深層的共同點讓我們團結一心，譬如生存和基本需求、養育家庭、創造藝術、渴望和平、為愛冒險、敢於懷抱希望、忍受痛苦及死去——這些是讓我們之所以為人的一切。我們如何明明知道無辜者的苦難，而不為人權倡議？格里芬寫道：「這是很陰險的，因為人們的行為常常出於善意、出於仁慈的假象。這導致了大規模的妄想。這樣的妄想在於，無論我們認為我們對『他者』的認識為何，我們仍然在自己有限的文化標準下、囚禁的框架內做出判斷。我們的發言仍然陷在刻板印象的陳腔濫調之中。」

這樣**大規模的妄想**始於當我們被教導要預先評斷另一個文化的人，卻沒有足夠或客觀地了解對方的文化。這種悲劇現象是基於錯誤和僵化的分類方式，透露出我們對其他群體無意識的敵意。它達成了一種非理性的作用，即讓我們相信我們比所有「外人」來得優越，而且我們的文化是至高無上的。但是文化**並非**人性，即使文化會形塑我們對人性的觀點。我們學會標記出來的人性差異，其實都只是我們自己文化觀點的刻板印象。如果我們被自己囚禁，我們將永遠無法了解另一種文化。如果我們繼續無意識地看待文化，那我們永遠無法完全理解自己的文化。然而，與另一種文化的相遇，往往可以提供一種出其不意的對比，藉此喚醒我們對自己的不同看法，也可照亮我們看待「他者」時產生的盲點。格里芬在〈他者之外〉中寫道：「我相信，在我們彼此能真正對話之前，我們必須先在理智上有意識，並在最深層的情感層面上去理解『**他者**』並不存在——所謂的『**他者**』在所有重要的本質上，其實就是**我們自己**。」

各位兄弟姊妹，請看看你的周遭。當我們出去吃午飯或午休時，死亡頻道上反覆播放飢餓孩童的畫面，意味著地球村的到來。向內觀察這樣偉大的精神，了解人性的本質是普世的。從過去到未來，都是如此。像我一樣黑，亦即，像我們一樣的人。

謝辭

羅伯特・博納奇

感謝那些為這個計畫做出貢獻的人。尤其是攝影師唐・魯特里奇，他為本計畫拍攝的作品收錄在*Light: The Photojournalism of Don Rutledge*（Baptist History and Heritage Society/Field Publishing, 2006）。除此之外還有已故的斯塔茲・特克爾（Studs Terkel），他曾五次採訪格里芬，並在*American Dreams: Lost and Found*（Pantheon, 1980）一書中談到格里芬。

接著要感謝伊莉莎白・格里芬—博納奇（Elizabeth Griffin-Bonazzi，一九三五至二〇〇〇年）和約翰・格里芬的子女，他們代表格里芬遺產管理公司（Griffin Estate）：Susan Campbell-Griffin、John Howard Griffin, Jr.、Gregory Parker Griffin，以及Amanda Griffin-Fenton。

感謝老朋友們。感謝Daniel L. Robertson、Michael Power和Paul Christensen的洞見；

Brother Patrick Hart和Father August Thompson的精神支持；Orbis Books的編輯暨發行人Robert Ellsberg出版了約翰・格里芬的遺作，包含二〇〇四年出版的《散落的暗影：關於失明與光明》和一九九三年出版的《追尋狂喜：湯瑪斯・梅頓的隱居歲月》（*Follow the Ecstasy: The Hermitage Years of Thomas Merton*），以及我在一九九七年出版的著作《鏡中之人：約翰・格里芬與像我一樣黑的故事》（*Man in the Mirror: John Howard Griffin and the Story of Black Like Me*）。另外也要感謝新朋友們：格里芬的首部紀錄片*Uncommon Vision*的導演Morgan Atkinson，以及Rudolf F. Rau對書稿內容的修訂。

最後但同樣重要的，是要深深地感謝Wings Press的發行人Bryce Milligan，他設計並出版了幾個版本的《像我一樣黑》，以及格里芬二〇〇三年的小說《七名天使的街道》、二〇〇八年的文集《可見的光：流亡墨西哥》以及二〇一一年的文集《文化的囚籠：像我一樣黑之後》（*Prison of Culture: Beyond Black Like Me*）。Milligan和Wings Press也負責於二〇一〇年出版格里芬的小說《牆外邪魔》和《裸夷》的電子書，以及非虛構作品《散落的暗影》和《追尋狂喜》的電子書。如果沒有我這位詩人老朋友，這些書可能在市面上成為稀有書籍，或者根本無法重見天日。

注釋

此處說明了本書後記中所引用的作品和作者，並依其出現在後記中的順序排列。

莫罕達斯·甘地的名言出自*Gandhi on Non-Violence*（edited by Thomas Merton, New Directions, 1965）。拉爾夫·艾里森的名言則是出自*Invisible Man*（Random House, 1952）。

〈本質上的他者〉在一九九六年以法文寫作完成，並被選入文集*Building Peace*（edited by Dominique Pire）。這篇文章後來被收錄在*The John Howard Griffin Reader*（edited by Bradford Daniel, Houghton Mifflin, 1968），也是它首次於美國問世。這篇文章也被收錄在*Encounters With the Other: A Personal Journey*（edited by Robert Bonazzi, Latitudes Press, 1997）；這本書還收錄了格里芬講述所羅門人大酋長約翰·沃薩的隨筆。

Orbis Books於二〇〇四年出版的《散落的暗影：關於失明與光明》是在該書寫作完成

四十年後才問世。其中有幾個章節被收錄在*The John Howard Griffin Reader*中。

Wings Press於二〇〇八年出版的《可見的光：流亡墨西哥》收錄了格里芬寫作《像我一樣黑》時期的文章及照片。

格里芬的《黑暗指南》（*Handbook for Darkness*）是由Lighthouse for the Blind於一九四九年協助製作，並發行了英文版本及點字版本。

一九五二年，德州沃斯堡的Smiths, Inc.出版了《牆外邪魔》。這本書被每月之書俱樂部（Book of the Month Club）選入備選書單。本書一九五四年的平裝本在底特律被列為禁書。它被作為測試案例提交，並在一九五七年美國最高法院的重大訴訟案巴特勒訴密西根州案（Butler v. Michigan）中被判定為「非色情」書刊。

一九五六年，《裸夷》由Houghton Mifflin出版。《七名天使的街道》也在二〇〇三年由Wings Press出版，距格里芬完成該書的寫作已有四十年之久

〈基督徒的種族主義罪孽〉（Racist Sins of Christians）最早在一九六三年作為《徵兆》（*Sign*）月刊的封面故事出版，後來也被收錄在*The John Howard Griffin Reader*中。而〈與奧古斯特．湯普森神父的對話〉也在同年作為《防衛》（*Ramparts*）雜誌的封面故事出版，後來也被收錄在*The John Howard Griffin Reader*和*Encounters With theOther: A Personal Journey*兩本書中。

馬丁・路德・金恩博士的〈來自伯明罕監獄的信〉寫於一九六三年四月，回應了阿拉巴馬州八名白人牧師的聲明。他呼籲終止在伯明罕的民權示威活動。這篇聲明已有四十種語言的版本。

《黑人力量：美國種族解放的政治》（*Black Power: The Politics of Liberation in America*）的作者是斯托克利・卡邁克爾（Stokely Carmichael）和查爾斯・V・漢彌爾頓（Charles V. Hamilton），在一九六七年由Knopf出版。

《教會與黑人》（*The Church and the Black Man*）收錄了格里芬的文章和照片、黑人牧師團（Black Priests Caucus）的宣言，以及存有亞伯特・克萊格（Albert Cleage）和詹姆士・格羅皮（James Groppi）演說的磁片。法國版由Brouwer於一九七〇年出版。

一九七七年，《現在，成為人》（*A Time To Be Human*）由Macmillan（US/Canada）出版，並在同年由Collier出版英國版。

約翰・格里芬與《像我一樣黑》

約翰・格里芬（一九二〇至八〇年）曾獲得下列獎項，以表彰他對人道主義工作的貢獻：一九六〇年，發表在《深褐》雜誌的〈羞愧之旅〉系列文章獲得National Council of Negro Women的認可；一九六二年，《像我一樣黑》獲《星期六書評》頒發年度的Ainsfield-Wolf Award；一九六三年，格里芬與甘迺迪總統共同獲頒Pacem in Terris Award；一九六八年，他獲得Assumption University of Windsor, Ontario頒發Christian Culture Award；一九八〇年，Pan African Association頒發Kenneth David Kaunda Award for Humanism給格里芬。

自一九六一年出版以來，《像我一樣黑》持續在英文世界發行。該書已被翻譯成十六種語言，全球銷量超過一千兩百萬冊。該書最初由Houghton Mifflin出版書衣版，並於一九六二年由New American Library以平裝本形式再版。一九七六年，Houghton Mifflin出版第二版的書衣版，並收錄了格里芬寫於一九七六年的〈結語〉。一九七七年，企鵝出版社發行了新版的平裝本。

二〇〇四年，Wings Press首次出版格里芬遺產公司版本的《像我一樣黑》（根據原始書稿編輯），是自一九七六年以來第一本書衣版。二〇〇六年再版時收錄了索引。二〇一一年，五十週年紀念版問世，版權由格里芬遺產管理公司及伊莉莎白・格里芬—博納奇所有。

二〇一七年，羅伯特・博納奇撰寫的格里芬的首部完整傳記*Reluctant Activist: The Spiritual Life and Art of John Howard Griffin*由TCU Press出版。

美國學 8

像我一樣黑
一位化身黑人的白人作家，揭露種族偏見的勇敢之旅

作　　者　約翰・格里芬（John Howard Griffin）
翻　　譯　林依瑩
編　　輯　王家軒
助理編輯　柯雅云
校　　對　陳佩伶
封面設計　蕭旭芳
地圖繪製　鍾語桐

企　　劃　蔡慧華
總 編 輯　富　察
社　　長　郭重興
發行人兼出版總監　曾大福
出版發行　八旗文化／遠足文化事業股份有限公司
地　　址　新北市新店區民權路108-2號9樓
電　　話　02-22181417
傳　　真　02-86671065
客服專線　0800-221029
信　　箱　gusa0601@gmail.com
Facebook　facebook.com/gusapublishing
Blog　gusapublishing.blogspot.com
法律顧問　華洋法律事務所／蘇文生律師

印　　刷　前進彩藝有限公司
定　　價　450元
初版一刷　2021年（民110）1月
ISBN　978-986-5524-38-8

國家圖書館出版品預行編目（CIP）資料

像我一樣黑 / 約翰. 格里芬 (John Howard Griffin) 著 ; 林依瑩譯. -- 一版. -- 新北市 : 八旗文化出版 : 遠足文化事業股份有限公司發行, 2021.01

面；　公分. --（美國學 ; 8）

ISBN 978-986-5524-38-8（平裝）

1. 格里芬 (Griffin, John Howard, 1920-1980)　2. 種族偏見　3. 美國

546.5952　109019782